ずっと「自分探し」をしてきたあなたへ

人生を変える目醒めのワーク

並木良和
yoshikazu namiki

目次

パート1

人生を変えるための方法

人生はどうとでも変えられる

自分の人生を変えたいとは思っているけど、できないと言う人は多いでしょう。なぜなら、人は「変化する」ことに、大なり小なり、抵抗を感じるからです。

多くの人が毎日を無難に過ごしたいと思っています。でも、無難というのは何の変哲もない、変化がないという意味でもあります。

もちろん、無理に変化しようとする必要はありません。

ただ、変化とは僕たち人間の本質なのです。人間には、赤ちゃんから子供になって、大人になって、老いて、やがて死を迎えるというプロセスがあります。それも一つの変化。変わらないものなど、この世界に一つも存在しないのです。

変化というのは生きていく上で避けられないものです。であるならば、どう変化を受け入れ、その流れにスムーズに乗っていくことができるのか、に意識を向けた方が良いですよね。

これから、僕たちは「銀河人類」と呼ぶにふさわしいほどに、これまでの人類の在り方とは、まったく違う状態へとシフトしようとしています。現在、地球は、この大きな変容のプロセスの真っ最中なので、変化に積極的になるほど、人生はスムーズに進んでいくことになるでしょう。そこで、このパートでは、変化に順応するためのコツについてお伝えしていきたいと思います。

自分も人生も、変化させていきたいのは山々だけど、どこから手をつけて良いのかわからない、と言う人も多いでしょう。でも、コツがつかめるようになると、変化を楽しむことができるようになります。

コツとしては、顕在意識と、潜在意識の乖離を調和させることが挙げられます。つまり、表面的には変化したいと言いながら、深いところでは変化を拒んでいることがあるので、その意識のギャップを埋めることが大切なのです。しかも、拮抗した状態を続けていると、病気や事故、または人間関係のトラブルなどとして、人生に現れてくることになります。

大事なことは、「〜しなきゃ」という意識を使わないことです。つまり、「変化しなきゃ」という強いる意識でいるうちは、それが執着となり、かえって変化の妨げになってしまうことを理解してください。どんなことに対しても、執着のエネルギーは、望むことを遠ざけてしまうのです。たとえば、妊活をしているのに、なかなか赤ちゃんを授からないと、「何がなんでも！」と、さらに頑張ることになります。でも、万事休《ばんじきゅう》すとなった時、「子供がいなくても、二人で楽しんだら良いじゃない」と、良い意味で開き直ったあとに、少ししてから妊娠したことがわかった、というような話を聞いたことがあると思います。それは、執着が手放されたために、望んでいたことが、ストンと降ってきた状態なのです。つまり、強いるエネルギーこそが、一番の抵抗になっていたということです。

自分を根本的に変える手段

そうは言っても、その執着を外せないから苦労しているんじゃない、と思う方もいるでしょう。そのような場合、もっとも手っ取り早く変化する方法は「引っ越し」です。つまり、思いきって環境を変えてみるのです。

引っ越すことによって、あらゆることが変化せざるを得なくなります。人によっては、職場を変えることになるかもしれませんし、隣近所との関係性も変わるでしょう。街並みが違うので、生活スタイルだって変化することになるのです。こうして、ルーティーンが変わることで、自ずと意識も変わっていくんですね。

そういう視点で考えると、新型コロナウイルス禍の現在は難しいかもしれませんが、留学や移住など、海外に身を置くことで、自分を根本から変化させるきっかけにすることもできます。もちろん、旅行でも構いませんが、可能であれば、自分で計画していくような個人旅行が良いでしょう。

人は自分の殻とも言えるようなものを持っています。「私はこういう性格だ」といった意識や思い込みが一つの殻になっているのですが、自分が住んでいる場所とは文化も環境も違う国に行って、自分とは見た目や考え方がまったく違う人たちと交流してみるのです。話す言葉はまったく違う、入ってくる音も違う、もちろん見える景色も違います。そのような環境で過ごしていると、「今までの慣れ親しんできた意識」が崩壊し始めるのです。

多くの人は、変わらない日常をくり返しています。たとえば、買い物をする際は、おなじみの商店街に行って、そこには見知ったお店が並んでいるという感じです。もちろん、商店街のお店が入れ替わるといった小さな変化はありますが、街全体の造りは変わりません。そのような環境で過ごしていると、「慣れが出てくる」のです。そうすると、考え方や、感情の反応がパターン化し、すべてがルーティーン化していきます。

本当に自分を大きく変えたいと思っているならば、自分がまったく知らない環境の中に身を置くのが、一番手っ取り早い方法です。そこまで環境を変えるのは難しいという場合は、職場に通勤する時のルートを変えてみたり、バスや電車ではなく自転車や徒歩で通勤してみてはどうでしょうか。それだけでも意識が変わります。なぜなら、同じ場所の景色でも、電車やバスの中から見る景色と歩きながら見る景色は、進む速度が違うので、見え方も変わるでしょう。その「いつもとは違う」という感覚が、変化の余地を生むことになるのです。

つまり、この感覚もしくは体感を変えることができれば、変化は、より容易になるということです。「見る」「聞く」「嗅ぐ」「触れる」「味わう」という五感を、いつもとは違うことに総動員してみましょう。

「変わりたい」「変化したい」という、意識だけで自分を変えるのは容易ではありません。意識に行動が伴うことで、僕たちは変化することができるのです。

なので、まずは可能なことから、少しずつ日常に変化を加えてみると良いでしょう。

スマホに依存しない

現代は、大半の人が毎日スマホ（スマートフォン）を使っています。スマホが手元にないと、途端に不安になる人もいます。それは、ある意味で中毒と言えるでしょう。

スマホが生活必需品となった現在、あえて使用頻度を控えるというのも、自分を変える方法の一つとなります。

自宅で過ごしている時に、自分の部屋から離れた部屋や違う階の部屋にスマホを置いて、すぐにスマホに触れられない環境を作ります。すると、自分の中に、さまざまな感情的変化が生まれるでしょう。それが、自分の意識と行動を変えるためのきっかけになるのです。

もちろん、今の時代にスマホを一切使わないというのは難しいと思います。でも、何時から何時までとスマホを使う時間を制限する、遅い時間帯はスマホを使わないなど、使用する上でのルールをもうけて、それを徹底するというのは、それほど、難しくないでしょう。何の意味もなく漫然《まんぜん》とスマホに触れるというのは、おすすめできません。

僕は、スマホのあるパズルゲームが好きで、よくプレイしていました。

一時期、パズルゲームに夢中になっていた頃、目を閉じるとゲームのドットが見えるという状態になりました。プレイを終了してから一時間か一時間半くらい経過しているのにもかかわらず、目を閉じるとドットが見えるんですね。あの状態は、さすがに危険だと思いました。

面白いと、どうしても、それがばかりに意識が向きがちになりますが、まず、ゲームでも何でも、何かをしたい衝動にかられた時に、いったん一呼吸置いて、「本当に今したい？」と自分に聞いてみることをおすすめします。すると、「そうでもないかも……」とか「今じゃなくても良いかな……」などという答えが返ってくることがあります。そうしたら、潔《いさぎよ》くスマホを置きましょう。こうして、習慣や癖のようになっている行動から離れてみることで、新たな意識が生まれ、そこから変化が生まれてくるのです。

部屋の家具やインテリアをこまめに変える

部屋を片付けて不要な物すべてを捨て去る「断捨離《だんしゃり》」は、自分自身や人生を大きく変えるきっかけになります。

「徹底的に断捨離しましょう」と、僕がセミナーの受講者にくり返し、お伝えしていた理由は、変化を望む皆さんにとって、効果的なアクションの一つだからです。

断捨離を行うことで、それをきっかけに、部屋の模様替えをしたくなったり、新しい家具やインテリアを置きたくなったりと、何かしら意識が変わってくるのは、読者の皆さんもご理解いただけると思います。

たとえば、タンスや物置など大きな家具を移動させるだけでも、部屋の雰囲気がガラッと変わります。つまり、それだけで自分の意識が変わるわけです。部屋をすべてリフォームするというのは難しくても、カーペットや照明など、一部のインテリアを変えるくらいなら手軽に行えますよね。とにかく自分ができる範囲で、クリエイティブに変化を生み出してみることが大切です。

断捨離を習慣にすることで、日常に違いを生み出すことが、より容易になるでしょう。朝起きて、同じリズムで身支度をして、会社に行って帰宅してと、今までと同じルーティーンを続けていても何も変わりません。ですが、いらない物を捨ててみたり、インテリアを少し変えてみるだけでも新しい刺激になるのです。

すると、今までとは違う思考や感情が自分の中に湧き上がってきます。「少し運動してみようかな」、「毎朝シャワーを浴びているけど、早起きして湯船に浸かってみようかな」といった、生活に変化を生み出そうという気持ちが湧き上がってくるのです。

だからこそ、自分の部屋を、楽しみながら、しっくりくる環境に整えてみてはいかがでしょうか？　部屋が散らかっていても、もう慣れてしまって何とも思わないかもしれませんが、その状態は、あなたの意識の反映であることを鑑みれば、心の中がぐちゃぐちゃであることに慣れてしまっているとも言えるのです。自分の部屋が大好きと言えるくらい、「自分の好き」で満たしてみましょう。それによって、あなたは、もっと「自分を好き」になり、それを原動力に変化を促していくことができるのです。

風水を利用して環境を変える

たとえば、部屋の場所によって特定のエネルギーが存在するのですが、そこに、自分が好む絵画やオブジェを飾るなど適切な処置を行えば、その場のエネルギーは確実に上昇します。

部屋に何をどう配置するかで運気が変わるという「風水」の思想が一時期流行しましたが、そのような影響力は実際に存在します。風水の理論を生かして環境を整えることもできるのです。楽しみながら、適切な場所に適切な物を置いたり、クリアーにすることで、環境にも、自分の意識にも、明らかな変化が生まれます。

風水を利用する際も、本の内容を鵜呑《うの》みにするのではなく、あくまでも自分の感覚を大切にしながら、取り入れていくことが重要です。

一口に風水といっても、さまざまな種類が存在します。中国から伝わったものもあれば、「バグア風水」と呼ばれる西洋から発展したインテリア術もあります。

あなた自身が、いろいろな風水のテクニックに触れる中、これは使えそうだな、しっくりくるなと直感的に感じたなら、それはあなたにとって役に立つという意味と捉え、それを使って環境を整えてみるのも一つの方法です。

環境を変える際、「どうなりたい」というビジョンや意図が大切になりますので、風水のマニュアル本に従いながら漫然と何かを配置するだけでは、あまり意味がありません。

あなたが明確なビジョンと意図を持ってエネルギーを活性化させようとすれば、その行動は、あなたの意識にパワフルに作用し、思考と感情のパターンに変化を起こすことで、それが言動を変え、現実に違いを生み出していくという連鎖反応を起こすことになるでしょう。

僕自身は身の周りの環境を、自分が心地良いように整えることを、心から楽しんでいます。皆さんも、ぜひ本書をきっかけにして、自分の理想を明確にした上で、楽しみながら環境を整えてみていただけたらと思います。

無理をしない範囲で環境を変える

目には見えない領域で展開するエネルギー的なつながりが僕たちを取り巻き、その内容によって親子や兄弟姉妹の関係性が決まります。

たとえば、支配的な意識の強い親御さんを持つと、もういい年をした大人になっても、顔を合わせると、「いつも親の顔色を伺っていた子供」に逆戻りするようなことが起きたりします。そして親御さんの方も、「いつまでも頼りない子供で、自分がいなければ何もできない」という在り方から抜けられません。つまり、いつまでたっても、「支配的な家族関係を継続」していくことになるのです。

こうして作り上げられた、脳内回線とも呼べるつながりに、知らず知らずのうちに影響を受け続けているのです。

「手っ取り早くお金持ちになりたいのですが、どうしたら良いですか？」というような質問をされた経験があるのですが、僕は「お金持ちが住んでいる場所に引っ越すのもありですよ」と答えました。その理由は、お金持ち、すなわち経済的に豊かな人たちには特有の思考パターンが存在するからです。

当然ではありますが、彼らはお金に対する大きな不安がありません。そして、豊かさに対する感覚や捉え方が、裕福でない人たちと比べると、まったくといって良いほど異なるのです。

仮に、毎月のようにお金が足りなくなる、月末にローンを支払わなくてはならない、来月はどうなるかわからない、などと不安を口にし続けている人がいるとします。その人の思考とお金持ちのそれが違うというのは、容易に想像がつくでしょう。多くのお金持ちが暮らしている地域に行ってみると、ほぼ全員がある一定の豊かな意識を持っていることが感じられます。地域全体が裕福な人々が作り出すエネルギーのグリッドに覆《おお》われているのです。

ただ、いきなり、ものすごい富裕層の住む地域に、たとえば借金をしてでも行くと良いということではありません。今の自分にとって、少し背伸びをすれば行けるかな、というところから始めることが大切です。そうしないと、そのグリッドにつながるどころか、弾かれてしまう結果となり、挫折感や無価値感が炙り出され、より一層、落ち込んでいってしまうことにもなりかねないからです。

もし、今よりも豊かになりたければ、まずは「無駄を省く」ことです。自分の生活スタイルを見直し、保険や携帯電話のプランを始め、今、それが本当に必要なのかをチェックし、よりシンプルにしていくことです。その上で、こんなところに住めたら豊かだな、と感じる環境を整えることにお金を使うのです。

そうして、たとえば裕福な人たちが集まる地域に住むことで、その人たちが作り出す豊かな意識のグリッドにつながることになります。すると、グリッドを通して、豊かさを実現している人たちの思考パターンが、無意識のうちに自分の中に流れ込んでくるようになります。

つまり、豊かさの意識がダウンロードされてくるので、そのうちに意識や行動パターンが変化して、いつの間にかお金持ちになるような行動が自然とできるようになります。

その結果、職場の賃金がアップしたり、身入りの良い仕事の話が舞い込んでくるようになったりするのです。

なので、さらに豊かな生活を求めているなら、今の自分にとっては少し背伸びが必要な環境に移ってみましょう。そうすることで、意識が変わり、ものの見方や捉え方が変わり、言動が変わり、現実が変わっていくことになるのです。

自分が好きな人、気になる人に会いに行く

自分を変えるための二番目のポイントは「人間関係を変える」ことです。ふだん付き合っている友達が、心から尊敬できる人、自分が憧れる要素を持っている人、一緒にいて気持ちが良い人、良い意味で刺激を受けられる人だと感じているのであれば、問題はありません。

でも、惹かれる要素もなく、関わりたいわけでもないのに、単なる惰性で付き合っているような人間関係は、単刀直入に言うと必要がない関係性です。

多くの場合、誰かと付き合っていれば、「こんな話があってさ……」などと、ネガティブな感情を吐き出す機会はあるでしょう。

ただ、僕たちが新人類や銀河人類へと進化するプロセスで、愚痴や悪口をこぼし合う関係性ではなく、お互いに人間性を高め合い、人生に発展性を生み出していく関係性が、とても大切になります。もちろん、ネガティブな気持ちを吐き出してスッキリしたい、と思うのは自然なことであり、いけないことではありません。で

も、読者の皆さんは、すでにおわかりのように、人間関係もまた、自分の鏡です。その関係性が良好でないのなら、「自分の中の何かを変える必要がありますよ」というサインがやって来ているのです。新しい地球に生きる僕たちにとって、自分軸に立ち、人生に全責任を負う姿勢が何より大切なことは、いつもお話ししている通りです。

そうしたことを前提に、僕たちは、自分の責任において、誰と付き合い、付き合わないのかを明確にする必要があるのです。

これからの時代は、義理や義務で付き合ったり、もう違和感しかないのに、お世話になった人だからとか、長い付き合いだ、といった理由から付き合う関係性は化石のようになるでしょう。だからこそ、こうした関係性こそ終わりにする勇気が必要になるのです。そうやって、人間関係の整理をすることで、あなたが心から惹かれる関係性が入ってくるスペースを開けることになります。

ただ、人間関係を整理するのは難しいという意見をよく聞きます。話を聞いてみると、

「断捨離で物を捨てるのとは違うじゃないですか」

「物を捨てようとする場合、少し後ろめたい気持ちになりますが、捨てることはできます。でも、旦那や妻、長年の友人のような心がある人間関係の場合、そうはいかないですよね」といった答えが返ってきます。

たしかに、人間には感情があるため、関係を断つというのは難しい面もあります。しかし、無駄だなとか、苦痛だなと思いながら時間を割く人間関係が、自分の最高の人生」につながるのだろうか？　自問してみてください。

すると、自分にとって誰が大切で大切でないかが、より明確に判断できるようになります。判断ができるようになれば、思わせぶりな態度を取らずに、自分の気持ちや考えをストレートに相手に伝えられるようになるなど、意識や行動が変化して、自分にとって違うと感じる人とは距離を置けるようになっていきます。

それに伴い、付き合う人や今後出会う人の質も変わります。今まで出会ったことがないタイプの人や、あまりご縁がなかったタイプの人とのつながりが生まれるようになるでしょう。自分が憧れている人と実際に関係を持てるようになったり、会いたい人や好きな人に会えるようになるのです。最初は勇気が必要かもしれませんが、こうした判断と行動ができるようになれば、人生は大きく変わることになるのです。

そして、会いたい人がいるなら、ぜひ会いに行ってみることをおすすめします。たとえば、人生のロールモデルとなる人がいて、もし、その人がセミナーや講演会を開催しているのであれば、参加してみましょう。実際に会うことで、脳を通して、その人との回路がつながり、意識に大きな変化が生まれるのです。それが、あなたの人生を変えるきっかけになるかもしれません。

気が合う人と付き合えば人間関係が変わる

趣味を持つことも、人間関係を変える上で大切なポイントになります。

自分にとって気が合う人や、価値観が似ている人というのは、共通の趣味を持っている場合が多いのです。

同じようなことが好きな人と付き合っていると、自分のポジティブな部分を引き出す相乗効果が生まれます。

でも、「気が合わない人と付き合っていると、意外な刺激を受けるから、その方が良いのでは？」と、考える人もいるでしょう。もちろん、色々な刺激を受けることで成長することは間違いありませんが、気が合わない人と、わざわざ時間とエネルギーを費やすほど、僕たちの寿命は長くありません。

「馬が合わない」という言葉があるように、誰かと話してみて、悪い人ではないけど自分とは合わないなと感じた経験はありませんか？

「自分とは合わない」というのは、魂レベルにおいて向かう方向性や、テーマが「違う」ことを意味している場合があります。単に、「好き」「嫌い」で人間関係を選んでくださいと言っているのではなく、こうした背景を意識しながら、付き合っていくことで、僕たちは本当の意味で成長していくことができることを知っておいてください。なぜなら、あなたは「自分の魂の道を生きる」ために、生まれてきたのですから。だから、まず大切なのは、「気が合う」「馬が合う」と感じる人を大切にすることです。そこから、さまざまな発展性が生まれてくることでしょう。

日常の食生活に変化を加える

人間関係を変えるための3番目のポイントは「習慣を変える」ということです。一口に習慣を変えるといっても、さまざまな方法があります。たとえば、今まで運動をしてこなかった人にとっては、運動を始めることが新しい習慣になりますし、すでに運動を続けている人は運動の種類を変えてみることで、変化のきっかけにすることができます。前の項にも書いたように、通勤手段を電車やバスから徒歩や自転車に変えるといった小さな変化でもＯＫです。

習慣を変えると、脳内を走る神経ネットワークが変化します。でも、いつも同じ行動をくり返していれば、その構造が変わることはありません。つまり、付き合う人や環境が変わると、脳内ネットワークが変化することで、思考パターンや付随する感情のパターンが一変する例があります。

そのため、習慣を変えるというのは、自分を変えるための効果的な手段になります。それを、普段の食事に置き換えてみましょう。たとえば、肉料理が大好きな人は肉食を禁止にする必要はありませんが、週7日肉を食べていたところを、週5日にして、残りの2日は野菜中心の食生活にするだけでも変化が生まれるでしょう。

いつも肉料理を食べている人は、肉を食べることで受け取る刺激が体に刻み込まれています。牛肉を豚肉や鶏肉に変えたとしても、刺激は、それほど大きくは変化しませんが、野菜を食べることで、舌から脳に伝わる信号がまったく変わります。

毎日パンばかり食べている、夜中にカップ麺を食べているなど、特定の食習慣を持っている人は、週2日はそれをやめるか、食べたとしても、いつもとは違う物を選ぶなど、意識的に習慣を変えてみてください。

食生活で思考パターンが変わるのかと疑問に思う方もいるでしょうが、普段の習慣を少し変えるだけでも、意識が変わるため、今までとは違う視点ができることで、変化の余地が生まれるのです。

食事において、手軽に脳内の神経ネットワークを変える方法をお伝えしましょう。

料理にスパイス（香辛料）を加えるというものです。これは、僕自身が辛い物好きだからというわけではなく、週に一回でも食事にスパイスを取り入れてみると、人生に変化をもたらします。「人生のスパイス」という、刺激と辛味をかけた言葉がありますが、これは文字通りの意味です。

もちろん、スパイスが苦手という人には無理におすすめはしませんが、食べられるのだけど食べる習慣がないという人には、ぜひ一度ためしてもらいたい方法です。

モーニングルーティーンにポジティブな変化を加える

習慣を変えるもう一つのポイントはモーニングルーティーンです。毎日の習慣の中でも、モーニングルーティーンは決まりきっているという人が多いでしょう。仕事がある日は、朝起きて、シャワーを浴びて、ご飯を食べて、歯を磨いて、身支度をして、といった具合です。

そのどこかに、ポジティブな変化を加えてみるのです。朝は時間がないと思うかもしれませんが、五分でも良いので早起きし、自己流でも構わないので、「ストレッチ」や「瞑想」を取り入れてみるのも良いでしょう。他にも、布団から出る前に「感謝できることを数え上げる」こともおすすめです。たとえば、今日も生きて目を覚ませたことに、雨風を凌げる家があることに、仕事があることに、など「今、持っているものに、有る物に感謝する」ことで、気分を上げることができます。

なぜなら、朝は潜在意識がオープンになっているため、その広大な意識の領域が、まるでスポンジのようにさまざまな刺激を吸収します。なので、それがポジティブなものであれば、言わずもがなでしょう。そして、意識にポジティブな変化をもたらすのです。

思考や感情が変われば、言動も変化し、在り方も変わります。今までは、あいさつするほどの間柄ではないと思っていた人に、意識が変化して、気分が良いと、突然あいさつしたくなるかもしれません。

もしかしたら、あいさつをきっかけに恋愛関係や友情関係に発展するかもしれません。あいさつをきっかけに、知りたかった情報が入ってくる可能性だってあるでしょう。

仮に、何の発展性もなかったとしても、あなたの新しい行動は、新たな変化を生み出す、きっかけになっていることを知っておいてください。

変化に抵抗する気持ちを手放して新人類になる

自分に変化をもたらす3つのポイントをお伝えしましたが、それらを自分なりに捉えて人生に適応させると、パラレルワールド（並行世界）を移行します。

パラレルを移行するなんて聞くと、何を馬鹿な、と思う人もいるかもしれませんが、実は、気がついていないだけで、僕たちは毎瞬、自分の周波数に応じたパラレルにシフトしているのです。

僕は波動を上げることで、意識的に望むパラレルに移行する方法を、皆さんにお伝えしていますが、普段とは違う道を通ったり、新しい物事を始めてみることで、それに伴なう刺激が波動を変化させます。そうして、気づかないうちに、自分の波動の変化に応じたパラレルにシフトするのです。

つまり、「生活環境」「人間関係」「習慣」、この3つのポイントを自分にとって、可能な限り高いレベルへと変化させることで、より望ましいパラレルに移行することができるのです。

特に皆さんに意識してもらいたいポイントは、「変化に対する抵抗を手放す」ということです。心の中に変化に対する抵抗の気持ちがあると、当然、スムーズに変わることができません。仮に3つのポイントを整えようと思っても、変化に抵抗していたら、集中できないでしょうし、思い切って行動したとしても、長続きしないでしょう。

まずは抵抗を手放して、変化に対して柔軟になることを心がけてください。そのための方法を次の項でお伝えします。

変化に対する抵抗というのも「周波数」なのです。もっと言えば、周波数でないものはありません。そして、もう一度頭に入れておいていただきたいのは、「変化は僕たちにとって自然なことである」ということです。

これから、僕たちは新人類、あるいは銀河人類へと進化しようとしています。にもかかわらず「生活環境を変えるのはちょっと……」「人間関係を変えるって言っても……」「習慣を変えるのは……」という思いを持っていれば、進化は遅々として進まなくなるでしょう。変化を拒むというのは、「何事も起きませんように……」という、古い地球を覆っていた、日和見《ひよりみ》主義的な在り方に他なりません。

だから、もし、あなたが新しい地球と調和し、変化を喜んで受け入れ、日々、新たな自分を発見しながら人生を謳歌したいなら、変化への抵抗を手放してください。すると、いつの間にか、あなたは人生を自由自在に楽しんでいる自分に気づくことになるのです。

宇宙空間を見て変化に対する抵抗を手放すためのワーク

変化に対する抵抗を手放すワークを紹介します。

①まず、プラチナシルバーのフィールドに立っているのをイメージしてください。水平線、地平線まで広がる雄大なフィールドを、高いところから、遠くまで見渡すように（ハイヤーセルフの視点で）眺め、周りには宇宙空間（満点の星空）が広がっているのを想像しましょう。

②次に、「１００の位置（本当の自分とつながるポイント）」に立ちましょう。利き手の指先を胸の中央部や、みぞおちに添えて、「私は自分の使っている周波数だけに１００集中する」と、心の中、あるいは声に出して言ってくだ

さい。そして、指先を当てている箇所を三回、トントントンと叩き、そこに意識を向けながら一つ大きな深呼吸をしましょう。この瞬間、あなたは磁場の上の100の位置に立っています。

③そうしたら、上から下に、下から上にと手を菱形に動かしながら、あるいは、ただイメージすることで、超巨大なダイヤモンド製のオクタヒドロン（正八面体）を目の前に用意してください。そして、変化に対する抵抗をバイブレーションビルディング（目に見えない感情を視覚化することで、扱える物として捉えること）します。手放したい感覚に意識を向けて、「この感覚を形にするとしたら？」と自分に質問することで、スタートさせましょう。

④どんな形でも良いので、抵抗を形にしてみてください。立方体でもピラミッドでも構いません。次に形にした物の材質を決めます。鉄やブロンズなど、固くて重たい素材にします。さらに大きさを決めましょう。なるべく大きな

サイズにしてみてください。最後に、重さを決めます。何トン級の重さです。このプロセスを自問自答しながら、心の中で、あるいは声に出して、具体的に表現してください。そうすると、そのバイブレーションビルディングした、ここでは変化への抵抗が、あなたの体を取り囲むように、ガチッと固まって取り巻いている状態になります。それを、両手で挟み込むように持つイメージをして、硬さと重量感を想像しながら、スコンと前に押し出し、自分から切り離して、そのまま目の前のオクタヒドロンの中に押し入れましょう。

⑤ダイヤモンド製のオクタヒドロンですので、形にした物が透けて見えると思います。そのダイヤモンドごと持ち上げて、硬さと重量感を感じたら、それを前にグッと押し出し、自分と物体の間に、腕を伸ばした分だけの隙間が空いているのを確認してください。これによって脳が、「自分の内ではなく外にあるもの」と認識し、「自分とは別もの」と判断することで、手放すことを許可する状態になるのです。そうしたら、ダイヤモンドをポンとさらに前

に押し出し、手放しましょう。すると、右回転で螺旋を描きながら飛んでいき、その先に太陽のように光り輝く源（みなもと＝根源のエネルギー）の光にズボッと吸い込まれますので、それを見届けたら、一つ深呼吸をします。

⑥今、手放したのは「蓋」とも言える、大きな部分なので、その下（潜在意識）に、まだまだ残っている抵抗の周波数にアクセスすることが可能になります。それも外しておく必要がありますので、便宜上、潜在意識をあなたの背後に漆黒の宇宙空間のように見てください。そこに、先ほどの、バイブレーションビルディングした抵抗が入っているダイヤモンドのミニチュアバージョンが、数えきれないほど、まるで隕石のように浮かんでいるのを想像します。そこにアクセスするためには、潜在意識につながる扉を開ける必要があるので、あなたの体が二枚扉になっているのをイメージし、両手をその取っ手にかけて、勢いよく前方にパカーンと開きます。そして手を後ろから前に動かしましょう。すると、その開いた扉からシュッとすべてのダイヤ

モンドが、一気に流れ出るように前に出てきて、目の前にガチッと、ものすごい巨大なダイヤモンドを形成します。それは、見上げても見上げきれないほどの大きさ、想像を超えた重さです。それを⑤と同様に手放してください。そして、源に吸い込まれるところまで見届けたら、一つ深呼吸をしましょう。

⑦すると、源で統合された光が、あなたの足元に集まり始め、濃密な光の上昇気流を作り出します。それはまるで光の竜巻のように見えるかもしれません。それが下から突き上げるように、あなたを、プラチナシルバーの磁場ごと押し上げてくれますので、深呼吸をしながら、まるでエレベーターで上がっていくように、上空に広がる宇宙空間に向けて、上へ上へと気持ち良く上がっていきましょう。ここまで上がると気持ち良いなと感じるところまで、あるいは、上がりきれるところまで上がっていってください。そうしたら、周りを取り巻く時空間を感じてみます。「静けさ」「調和」「安らぎ」「広がり」「軽やかさ」などが感じられるかもしれません。そして、周りを取り巻く宇

宙空間に浮かぶ、星や惑星は、あなたの「無限の可能性や情報」を表していて、あなたはこれだけの豊かさを既に持っているだけではなく、これこそが、あなたの本当の意識であり、こうして統合が進めば進むほど、本来の自分を取り戻し、この無限の意識を使って、人生をクリエイトすることができるようになるのです。それに思いを馳せてみてください。では、そこまで上昇してきたあなたが、クリスタルの体になっているのを想像します。余計なものが削ぎ落とされ、透明感のあるきれいなクリスタルになっています。つまり、生まれ変わったのです。その足元が、磁場に、まるで木が根を張るように、グググッと結晶化しながら、グラウンディング（地に足をつけること）するのを見るか、感じたら、一つ深呼吸をしてください。

⑧最後に眉間に意識を向けて、心の中で「新しい次元、新しい自分で目を醒ます」と意図しながら、ゆっくりと目を開けましょう。そのあとは一度体をグーッと背伸びをするように伸ばし、拳で腕や足を軽く叩くなどして、肉体

を意識することで、再度グラウンディングしましょう。

今回のテーマは変化への抵抗でしたが、このステップを踏むことで、不安や恐れなど、あらゆる感情を同様に手放すことができます。最初は複雑に感じるかもしれませんが、慣れてくると簡単にステップを踏んで手放せるようになりますので、練習してみてください。

パート2

ガネーシャのサポートで思考を具現化する方法

人間を愛する神・ガネーシャ

ヒンドゥー教の神・ガネーシャは、多くの人に知られている神々の一柱《ひとはしら》でしょう。宗教に詳しくない方でも、インド料理店などで人間の赤ちゃんの体にゾウの頭を持つ姿をしたガネーシャの絵や銅像を見たことがあるのではないでしょうか。

ヒンドゥー教徒が祈りを捧げると最初に降りて来るのはガネーシャと言われているほど僕たち人間と近しい神なのですが、近しいとは、ガネーシャ自身が人間に対して深い愛や優しさの気持ちを抱いているという意味です。この章では、ガネーシャについてレクチャーします。

日本ではガネーシャと呼ばれるのが一般的ですが、「ガナパティ」という別名も存在します。他にも仏教の守護神である歓喜天も本質的にはガネーシャと同じエネルギーと言えるでしょう。一つのエネルギーを別の側面から表現した結果、複数の名前が生まれたのです。

厳密には完全に同一というわけではなく、あるエネルギーがガネーシャとして姿

ガネーシャ

を現した場合と歓喜天として姿を現した場合とでは、発するエネルギーの性質が若干異なります。ここに記した内容をすべて把握する必要はありませんが、神にはさまざまな側面があるということを、読者の皆さんに認識しておいていただけたらと思います。

ガネーシャは商売繁盛や、目の前に立ちはだかる障害を退ける力を持つと言われています。もし、自分の人生を進める上で障害が発生したり、最悪の事態が起きていると感じた時にはガネーシャの力を借りましょう。非常にパワフルなサポートをしてくれます。

イメージとしては、大きなガネーシャが自分の前を歩いている様子を想像してください。彼は、困っている人の目の前に存在するすべての障害や問題を踏みならします。

ただし、魂が成長する上で、どうしても体験しなければならないこともあります。ガネーシャは、それに関するものは、もちろん退けることはありません。その代わり、その課題を越えていけるよう、サポートしてくれるのです。

何度も話しかけたり、サポートを求めることで、失礼にならないかと心配する人がいますが、大丈夫です。ガネーシャを含めた、他のすべてのアセンデッド・マスターたちは、人類が人間的にも霊的にも成長し、次元上昇することをサポートするために、手を差し伸べてくれていますので、僕たちの成長を妨げる助け方は一切しません。だから、依存になってしまうこともありませんので、積極的に関わってみてくださいね。

ガネーシャは「豊かさ」をもたらす

ガネーシャには商売繁盛の功徳があると言われていますが、これは「豊穣《ほうじょう》」という意味です。豊穣とは、お金など物質的な豊かさだけではなく、仕事の成功や人間関係の拡大、必要な情報の入手など、多くの意味を含んでいます。

たとえばガネーシャは、芸術的才能をサポートする力を持っています。一見、商売と芸術は無関係に思えますが、本来、僕たちは自分の持ち合わせている才能や資質を発揮することで、仕事を始め、あらゆる面で自然に豊かになれるようになっています。それらをどう表現するかに、実は芸術的な資質が関わっているのです。つまり、感性が重要なのです。特に新人類へと進化していこうとしている僕たちには、新しい地球における、新たなルールを作り出すためにも、高いレベルのクリエイティブ性が求められていますから、ぜひガネーシャにサポートを求めましょう。芸術性は、もはや芸術家だけに必要なものではなくなるのです。

特に文章を書く場合、パワフルなサポートを受けられるでしょう。最近はSNSを利用している人も多いですが、自分が伝えたいことを上手に表現したい、内容をわかりやすい文章でアップしたいと思ったら、書く前に「ガネーシャ、私の思いが多くの人に伝わるよう、わかりやすい文章で表現できますように。ありがとう」と、祈ります。

そうして書き始めると、今まで、なかなか進まなかった箇所で、急に手が動いて書けるようになったり、アイディアが湧いてくるようになります。

また、ガネーシャは家庭を守る神でもありますので、夫婦の仲が悪い、子供が反抗期など、家庭内が不調和になっている人は、ガネーシャに、家族の関係性における障害を取り除き、調和をもたらして欲しいと祈るのです。

さて、新しい地球への大きな変動期に、これから皆さんは、さまざまな障害と感じる出来事に遭遇するかもしれませんが、ガネーシャは障害を取り除いてくれる非常に頼もしい存在です。

ガネーシャのようなマスターと共同していると、何が起きても大丈夫という気持ちになります。パワフルなサポーターがついているという絶対的な安心感を得るからです。

さらに言うと、ガネーシャはとにかく頭が良い神です。何か問題が起きた際の解決策や、自分が進むべき方向がわからなくなった時は、「道を開く知恵を授けてください」とガネーシャに依頼してみましょう。すると、それまで沸いてこなかった新しいアイディアが、突然湧いてくるかもしれません。

普段の仕事をスムーズに行いたい、目の前のプロジェクトを成功させたいなど、知恵や力を借りたい時はガネーシャを呼ぶと良いでしょう。その他、さまざまな場面で、物事が複雑になる前に、ガネーシャを呼ぶ習慣をつければ、人生はよりスムーズになります。

そうして、皆さんが多くの豊かさを受け取るようになれば、周囲の人たちにも、より多くの豊かさを与えてあげることができることを、ぜひ覚えておいてください。だからこそ、豊かになることを躊躇するのではなく、感謝の気持ちで受け取ってくださいね。

ガネーシャの力を借りて上昇気流に乗る

もしかしたら、読者の皆さんの中には、明確な理由がないのにもかかわらず、毎日孤独感を感じている人がいるかもしれません。

友人やパートナーがいても「自分は一人ぼっちだ」「誰も自分のことをわかってくれない」と感じることもありますよね。

つまり、孤独感を感じる理由は、外に原因があるのではなく、「本来の自分と分離しているから」に他なりません。ハイヤーセルフという高次の意識が僕たちの本当の意識であることは、ご理解いただけているかと思います。その自分は「ワンネス」といって、「すべてとつながっている状態」「すべてと一つである状態」そのものの意識なので、寂しさすら感じることが「できない」のです。でも、僕たちは眠りを体験することを選択したため、波動を落とすことで、完全だった意識を分離しました。この時、まるで「何かが欠けている」かのような錯覚を覚えるようになったのです。それが孤独感の始まりでもあるのです。

だからこそ、こうした感覚が湧いてきた時、それを手放すことで、本来の自分とのつながりを取り戻すチャンスにするのです。孤独感が出てくるたびに統合することで、どんどん、本当のあなたとの距離が縮まり、つながりを取り戻すことで、孤独感が癒えていくことになるでしょう。なぜなら、元々の「すべてとつながっている状態」へと戻っていくからです。すると、一人でいようと、たくさんの人に囲まれていようと、いつも満たされた状態でいられるようになるでしょう。

ガネーシャはこう言います。「眠りとはイリュージョン（幻想）です。本物でないものは、消え去る運命にあることを肝に銘じてください。私は、そうした幻《まぼろし》を消し去ることができます。孤独感にしろ、あなた方が口にするネガティブな思考にしろ、それらは分離から生み出されたイリュージョンに他なりません。そうであるなら、そのすべてを消し去り、本質に目を向けることが大切なのではありませんか？　本質とは、『あなたは常に認め、受け入れられ、愛されている』ということ。この事実を知って、孤独感など感じ続けることができるでしょうか？」と。優しくも、力強いメッセージを与えてくれるガネーシャに、ネガティブな思考の消去に関しても、サポートを求めてみると良いでしょう。

昨年（2022年）の冬至を越えて、この地球は、ものすごい上昇気流のうねりに取り巻かれています。それは、あなたの人生をより高いステージに押し上げるエネルギーと言っても良いでしょう。そのスタートとなるのが、2023年。ここから、とてつもない変化を体験する人が多く出てくることになります。

それは、あなたが今世、生まれてくる前に決めてきた、「最高の人生のストーリー」を生きることを意味します。その上昇気流に乗るためには、できる限りネガティブな感情を手放し、軽やかであることが重要です。いつまでも、人や物事に執着していれば、その流れがゴロンと落ちてしまうでしょう。だからこそ、ガネーシャのようなパワフルな存在と共同することは、大きなサポートになるのです。あなたの上昇を妨げる障害を、どんどん踏みならしてもらいましょう。

他人にポジティブなエネルギーを与える「祝福」

最近は、鬱々《うつうつ》とした感じの人がとても多い印象を受けます。実際に集合意識を感じてみると、以前よりは改善しているものの、やはり先行きの不透明さに不安を感じている人が多く、発展性や活力が感じづらくなっています。

2023年にかけて、度重なる天災や食料品の値上げ、それに伴う経済低迷など、あらゆる問題が連鎖反応的に世界レベルで発生しました。そのような情勢の下では、多くの人が希望を見い出せずに不安や恐怖にとらわれやすくなります。そうなると、集合意識はさらに暗く重たいものになるのです。

集合意識が、どのような状態にあるかで、僕たちが世界で何を体験するかが決まるのですから、今は踏ん張り時と言えるでしょう。一見、暗く見える時期を越えると、その先には明るい未来がおとずれるのです。そして、このような時代だからこそ、マスターとの共同が大切になってくるのです。

「プージャ」とは、人間が神に敬意や献身的な祈りを捧げて祝福するというヒンドゥー教の儀式ですが、この「祝福」というのは、それを与える側にも受け取る側にも波動を上げる効果を持っています。たとえば、道を歩いていてすれ違う人に「祝福を」と、心の中で唱えるだけで、すれ違った人の波動が上がり、唱えた人の波動も同時に上がります。

たとえば、これは提案なのですが、街で救急車を見かけたら「祝福を」と心の中で唱えてみてください。普通、祝福というのはお祝いごとの際に使う言葉ですが、この場合の祝福とは、シンプルに、神（宇宙）のエネルギーを、対象に向けて降ろすという意味です。救急隊員の波動が上がれば、パフォーマンス力が向上して最大限の手当てをしつつ、病院まで搬送できます。ぜひ、祝福を送ることを習慣にしてみていただけたらと思います。

多くの人が祝福を送る習慣を身につけたなら、神（宇宙）のパワフルなエネルギーを対象だけでなく、この地球にも降ろすことになり、地球の次元上昇をバックアップすることにもなるのです。

ガネーシャから祝福を受け取るワーク（ガネーシャ）

ガネーシャから祝福を受けることができます。それを受けることで、自身のカルマや、あらゆるネガティブな周波数の中でも、今、手放す準備のできているものが外れていくことになります。

①両手のひらを上にして太ももの上に置き、軽く目を閉じ、軽くあごを引いて背筋を自然に伸ばします。下腹部に意識を向けて自分のペースで深く呼吸してください。

②足元に広がるプラチナシルバーのフィールドに見渡す限りの花畑が広がる様子をイメージしてください（花の種類は、あなたが思いつくもので大丈夫で

す)。頭の上には青空が広がっています。

③次に「ガネーシャ、どうぞ私の元へ来てください」と、心の中で呼びかけましょう。すると、目の前に人間の赤ちゃんの体と象の顔を持ったガネーシャが姿を現します。もし姿が見えなくても「光の存在」として認識していれば構いません。

④ガネーシャに意識を向けると、幸福感や楽しい気持ちが溢れてきたり、笑いたくなるような感覚が湧いてくるかもしれません。ガネーシャが手に持つ壺には、祝福するためのアイテムが入っています。最初にガネーシャは壺の中に手を入れて美しく光り輝く水を振りかけてくるのですが、これは神社の禊《みそぎ》のような働きをする聖水で、あらゆるネガティブなエネルギーを祓ってくれますので、これを光のシャワーを浴びるように、感謝の気持ちで受け取りましょう。

⑤水の清めが終わると、ガネーシャは壺をポーンと投げ捨て、その手には新たな壺を持って立っています。新しい壺の中には、マゼンダピンク、ロイヤルブルー、紫がかったブルー、黄色、オレンジ、グリーン、赤と、色とりどりの花が入っていて、ガネーシャが花を振りまくことで、自身の持つ「やめたいのにやめられない習慣」など不要な思考パターンが取り除かれていきます。なので、それらが浄化されていくことを意図しながら、花のシャワーを存分に受け取ってください。

花を用いた浄化を終えて、空の壺をガネーシャが投げ捨てると、米の入った壺が新たに出現します。この米は、豊かさを受け取ることを妨げている観念や概念を取り除いてくれますので、ガネーシャからのライスシャワーを、しばらく浴びていましょう。彼が降らせる米をかぶるたびに、あなたの中にある「豊かになることを妨げているエネルギー」が、どんどん取り除かれていきます。

⑥壺から米がなくなると、最後に「神の光」が入った壺が出現します。神の光は砂金のような黄金の光の粒子で、ガネーシャがそれを降らせると、黄金のシャワーのように、あなたの周囲を取り巻きますので、感謝の気持ちで、リラックスしながら受け取ってください。この光は、まさに神の祝福そのものです。あなたの存在が最大限に尊重され、讃えられ、愛されているのを感じましょう。これによって、波動が上昇することになります。そして、もう十分と感じたら、一度深呼吸をしましょう。

⑦神の光の粒子が空になると、ガネーシャは壺を空中に放ります。ガネーシャからプージャを受け取ったら、「ありがとう」と、ガネーシャがしてくれたことのすべてに感謝して、ゆっくりと目を開けましょう。そして、グーッと背伸びをして、拳で両腕や両足を軽く叩くことで、グラウンディングしてください。

ネガティブな周波数には、不安、心配、怖れ、嫉妬など、さまざまなものがありますが、それらはガネーシャの聖水によって祓われます。

たとえば、喫煙や飲酒など、やめたいと思っているのになかなかやめられない習慣も、その行動に駆り立てるエネルギーを、ガネーシャの振りまく花々が吸い取ってくれるのです。

さらに、ライスシャワーは、豊かさをバックアップしてくれますし、神の光の粒子は、僕たちの霊的成長を妨げるエネルギーを除去します。その中には、憑依霊と呼ばれる存在や生き霊も含まれていて、そうしたものも浄化されるほどパワフルな光なのです。

前進を妨げる障害を取り除くためのワーク（ガネーシャ）

あなたは生まれてくる前に、ガイドたちと一緒に、「今世、最高と呼べるこんな人生を歩みたい」と、そのストーリーを決めて生まれてきました。そして、そのためには「カルマ」と呼ばれるエネルギーを解消・昇華させる必要があり、それがある程度進むと、「最高の人生のストーリー」を生きる準備が整うことになります。でも、僕たちは何世紀もカルマの概念にとらわれ、自身の意識場に、いつまでも重荷を持ち続ける習慣がこびりついてしまっていて、なかなか手放すことができずにいます。「もういい加減、それを下ろしても良い」のに、です。いつまでも、何かをしてしまった自分を責め続けていたり、誰かを許せなかったりすることが、それに当たります。言い方を変えると、もう手を放して、先に進んでも良いと宇宙から許可が出ているのにもかかわらず、「自分で自分に許可を出せない」状態と言えるでしょう。それはエネルギー的な「ブロック」となり、人生に反映することでさまざまな障害を創り出すことになります。結果、遅々として前に進めなくなってしまうのです。なので、そんな時に、以下のワークを行ってみてください。

①両手を組んで、太ももの上に置いて、軽く目を閉じ、軽くあごを引き、背筋を自然に伸ばします。次に、意識的にグッと肩に力を入れて一度上に持ち上げたあと、ストンと下に下ろして肩と肘の力を抜いてください。丹田（下腹部）に意識を向けて深い呼吸をすることで、グラウンディングが促され、エネルギーが安定するでしょう。

②あなたのオーラを心の目で視てください。オーラとは、あなたが発している目には見えない光であり、自分に関するさまざまな情報が表されています。ちょうど、体全体を大きな光の繭が取り巻いているのをイメージすると良い

でしょう。このオーラの場に、ガネーシャのエネルギーを設定します。

③次に心の中で、「ガネーシャ、どうぞ私の元に来てください」と呼びかけてください。すると、背丈が3～5メートルほどのガネーシャが、あなたの前に姿を現します。そして、あなたの前で分身するように、その体を二つに分けるので視ていましょう。分身させた体はキラキラ輝く光の粒子でできています。その体を、ガネーシャ自身が持ち上げ、あなたのオーラの中にポンと置くように設定してくれます。ちょうど、あなたの前にガネーシャが前方を向いて立っているように視てみてください。そうしたら、一度、大きく深呼吸……。ガネーシャが前にいても、光の粒子なので視界が遮られることはありません。

④ではイメージトレーニングをしてみましょう。あなたが惹かれる方向に歩いていくと、あなたの人生に立ちはだかる障害物が黒いブロックのような塊と

して、目の前に現れるのを視てみてください。あなたがそこに向かって歩いていくと、目の前を歩くガネーシャが障害物をすべて踏みならしてくれるので、その平坦になった道を一緒に優雅に歩く姿を想像しましょう。ブロックが踏み慣らされると、砕け散って黄金の光の粒子になります。これは、エネルギーがニュートラルになり無害化されたことを意味しています。また、あなたが歩きたい方向に歩いていくと、ふたたび巨大な障害物が目の前に現れますが、それも、ガネーシャが簡単に踏み慣らしてくれるので、どんどん先に進むことができます。

⑤この優雅で軽やかな感覚を保ちながら、今度は人生の中で大きな障害になっていると思う、特定の人や物事を思い描いて、その障害が存在すると感じる方向に進んでください。すると、目の前に、それが真っ黒いブロックとして現れます。でも、ガネーシャがいつも通り、障害を踏みならしてくれますので、あなたは颯爽《さっそう》と進み続けることができます。そうして障害を通り抜けた

あと、一度深呼吸をしてから後ろを振り返ると、障害だと思っていたものが、黄金の光の粒子になって消えてなくなっていく光景が広がっています。さらに進むと、新たな障害が現れますが、ふたたびガネーシャが踏みつぶしてくれます。すべてをつぶし終えたら、他にも、まだ障害があると感じるなら、同様のプロセスを踏んで、すべてを踏みならしてもらいましょう。終了したと感じたら、ガネーシャに感謝の気持ちを伝えて、目を開けます。それから、グーッと背伸びをして、拳で腕や足をトントンと軽く叩きながら、体を意識することでグラウンディングしてください。

普通なら、物怖じしてしまいそうな障害が立ちはだかったとしても、ガネーシャが目の前にいるので、彼と自分を信じて進んでいきましょう。ワークを通してガネーシャと共同することで、不思議と道が開けたり、そのために必要なアイディアが閃いたりするので、そうした場合は、それに基づいて行動してください。

障害だと思っていたものが、ニュートラルな光に変化したということは、すでに、あなたにとって、もはやそれが問題ではないということを意味しています。つまり前述の通り、意識が変化することで、物事の見方や捉え方が変わり、言動が変わり、現実が変わるのです。

もう一つ、ガネーシャのエネルギーを設定しているので、こうしたイメージをしなくても、あなたの障害は、それを気づきや学びのために体験する必要がなければ、どんどん外れていくことになりますが、意識的にワークすることで、よりパワフルに、彼のエネルギーを体感できるでしょう。そして、もし、ガネーシャのエネルギーが必要ないと感じた時には、「ガネーシャ、もうこのエネルギーは、私には必要ありません。ありがとう」と伝えることで、解除できることも知っておいてください。

魂を満たすためのガネーシャのワーク（ガネーシャ）

あなたはガネーシャからのプージャを受け取った結果、豊かさを受け取る器が大きくなっています。最後にガネーシャの得意分野である「豊かさを受け取る」ためのワークをお伝えします。

ここで大事なのは、自我やエゴの声ではなく、「あなたの魂が、本当に望んでいることは何か？」を捉えるということです。たとえば、口では「パートナーが欲しい」と言いながら、魂の方は、「パートナーは必要ない」と言っていることもあるのです。

僕が個人セッションと言って、霊的な能力を使って悩み相談を受けていた時には、恋愛に関する相談をよく受けました。「恋人ができません」「パートナーができません」「恋人ができても長続きしません。どうしたら良いのでしょうか？」などという人たちの主護霊というガイドやハイヤーセルフから話を聞くと、「彼女（彼）に恋人は必要ありません。なぜなら……」と理由を伝えてきます。

たとえば、そうしたメッセージを受け取る人たちに共通しているのは、パートナーと共に人生を歩むのではなく、自分一人で人生を謳歌するというものです。今世は、パートナーや子供に、ある意味で縛られるのではなく、自由にとことん、自分のやりたいことを追求したり、自分と向き合ったり、生きたいように生きることが、魂の目的であることもあるわけです。

僕たちは、親や周囲からの期待や思いを「自分の本当の願いであると勘違い」して持ち続けていることもあるのですが、それを見分ける必要があります。たとえば、親が孫を欲しがっていて、「早く抱きたい」とか、「一緒に遊びたい」、という思いを常日頃から聞かされていると、もしくは、それを察知すると、「かわいそう」とか「申し訳ない」という気持ちから、それを自分の願望として、「本当の自分の望みと擦り替え」てしまうことがあるからです。そうした場合、それは、あなたの本当の願いではないので、なかなか叶わないという結果になるのです。そして、もし仮に、それが形になったとしても、「何か違う……」とか「こんなはずじゃなかったのに……」といった結果になりかねません。考えてもみてください。もし、あなたが今世、独身で過ごすことを決めてきたのであれば、その道が幸せにつながらないわけがありません。なぜなら、僕たちは「幸せになるために生まれてきた」のですから。

だからこそ、あなたが魂の望みに気づき、それを形にすることができるようになると、存在の奥底から満たされるようになるのです。スピリチュアルな知恵を生き方に変えると、本当の幸せや豊かさを体現できるようになり、それは多くの人たちにとってのギフトにもなります。自我やエゴの望みを叶える見せかけの人生ではなく「本質を生きる」ことになるからです。

ガネーシャのサポートで、拡大した豊かさの受け皿に魂の望みを反映した本当の豊かさを受け取るワークをお伝えします。

①両手のひらを上にして太ももの上に置き、軽く目を閉じ、軽くあごを引いて背筋を自然に伸ばします。そして、尾てい骨に意識を向けましょう。尾てい骨、つまり背骨の基底部には、豊かさに関係するエネルギーセンターである第一チャクラがあります。そこに意識を向けながら、深呼吸を続けてください。

②リラックスしたら、いつものようにガネーシャを呼びます。ガネーシャはひときわ輝いていて、周囲にはすばらしい花の香りが満ち、豊かさのエネルギーそのものである黄金の光の粒子が取り巻いています。

③ではまず、ガネーシャに意識を向け、金銭的な豊かさを受け取ることを意図しましょう。その際には、あなたが本当に求めている具体的な金額を自分の魂に質問し、浮かんだ金額をガネーシャに伝えてください。魂の中心はみぞおちに位置していますので、そこに両手を当てて感じてみるとわかりやすい

かもしれません。すると、彼はそれを表すシンボルを、自身のオーラから取り出して、あなたに与えてくれます。それをよく眺めてみてください。シンボルは、あなたの頭に浮かんだ形で構いません。そして、そのシンボルを自分のオーラのどこでも良いので、しっくりくる場所にポンと設置してみましょう。そうしたら、一つ深呼吸をします。お金に関するシンボルを受け取ったあとは、豊かな人間関係にフォーカスします。自分がどのような人たちに囲まれたいのか、どんな関係性を築きたいのかという、本当に求める人間関係を魂に尋ねた上でガネーシャに伝えると、それを表すシンボルを、彼のオーラから取り出し、渡してくれますので、それをしっかり眺めたら、金銭的なシンボルと同様の手順でオーラに設定してください。

④最後に、これから自分がどのような人生を歩みたいのか、みぞおちに手を当てて思い浮かべてみましょう。望む人生のイメージが定まったら、その内容をガネーシャに、心の中で言葉にして伝えたあとに「私はこういう人生を歩

みたいので、それに必要な情報やチャンスを与えてください」と伝えてください。すると、ガネーシャがオーラから理想の人生を表すシンボルを与えてくれるので、形を確認したあとにそれをオーラに設定しましょう。

⑤そうしたら、再度ガネーシャと向き合って、「私が今、あなたに伝えたもの以外で、私の魂が望んでいる豊かさを与えてください」と伝えてみてください。すると、ガネーシャは「あらゆる可能性」のシンボルをオーラから取り出して、あなたに与えてくれるので、オーラに設定します。それでは、一つ大きく深呼吸をして、ガネーシャに感謝の気持ちを伝えたら、ゆっくりと目を開けてください。グーッと背伸びをして、拳で腕や足をトントンと軽く叩き、体を意識することでグラウンディングしておきましょう。

あなたの人生はあなたのものです。ガネーシャの存在を知ったことで、自分の人生や魂の望みに真剣に向き合うきっかけにしてみてはいかがでしょうか。

たとえ、具体的にイメージできなかったとしても、ガネーシャに「私の魂が望んでいる豊かさを与えてほしい」と伝えることはできますから、そのシンボルを受け取ることで、魂の望んでいる豊かさが、具体的な形で具現化することになるのです。

僕たちは本来、自分が望むものは何であれ、具現化する力を持っています。いつもお話ししているように、「やりたいことは何でもでき、なりたいものには何にでもなれ、行きたいところへはどこへでも行くことができる」、そんな自由自在な存在なのです。それが僕たちの本来の姿であり、創造主たる所以です。ただ、深く眠っていたことで、そのことをすっかり忘れ去ってしまったのです。なので、こうしてガネーシャと具現化を共同することで、だんだん、あなたが本来持ち合わせている具現化の力を思い出すきっかけにもなるでしょう。これは奇跡でも魔法でもなく、とてもナチュラルなことなのです。

マスターとは自分自身である

ガネーシャに限らず、マスターたちと共同することは、あらゆる面で豊かになるための一つの方法です。

僕の場合、スピリチュアルな仕事に携わっているということもありますが、マスターやガイドたちと交流しない日は一日もありません。僕にとって、彼らの存在は、家族や友人と同様、リアルでナチュラルな存在なのです。

そして、僕は彼らの存在を信じてなどいません。「知っている」のです。

たとえば、マスターの姿が視えないのは、僕たちと彼らの存在する次元が違うことが第一に挙げられます。だから、僕たちが波動を上げることで彼らに近づけば近づくほど、彼らを視覚的に捉えられなかったとしても、人の気配を感じることができるように、その存在を感じることができるようになるのです。一度それが捉えられるようになると、「存在を知る」ことになります。そうなると、水を知らない人がいたとして、その人が、「これは何ですか?」と尋ねてきた時、自信を持って

「これは水です」と答えることができるように、信じるとか信じないという曖昧な意識で答えることはありませんよね。だって、あなたは、水を水であると信じているわけではなく、知っているわけですから。僕が、彼らの存在を知っているというのは、まさにそうした感覚そのものなのです。

だから、彼らの存在を知りたいなら、皆さんが惹かれるマスターと、ぜひ頻繁に交流してみてください。すると、だんだん、そのマスターとつながる回路が開け、チャンネルが合ってくるようになります。そして、そこはかとなくでも、彼らを知ることができるようになるのです。

ただ、ここで大切なのは、あなた自身もマスターであるという事実です。この宇宙の「源《みなもと》」がすべての始まりであり、そこからすべてが生み出されています。つまり、ガネーシャや他のマスターたち、そしてあなたも、その一部であるということです。わかりやすく説明するために、あなたの手を見てください。手のひらを源であるとすると、それに連なる各指が、たとえばガネーシャであり、イエスであり、ブッダであり、聖母マリアであり、あなたであるわけです。すべての指は手のひらを通してつながっていて、どれが良いとか悪いとか、上とか下とか、優れているとか劣っているとかはありませんよね。それと同じことが、源を通して、彼らとの間にも言えるのです。

つまり、僕たちが彼らと共同するということは、本来の自分の違う側面を使うということであり、ガネーシャとワークするというのは、「あなたの本来の意識（源）」の中でも、ガネーシャの意識を使うということであり、ガネーシャという何か特別な存在と交流するということではないことを理解してください。こうした意識が欠如して、マスターを自分よりも上の存在として祭り上げてしまうと、「自分とは違う、かけ離れた存在」にしてしまうことで「分離」してしまい、かえってつながれなくなってしまうのです。

ただ、「親しき仲にも礼儀あり」という言葉があるように、敬意と感謝の気持ちを持って接することを忘れないようにしてください。つまり、肉体を持っているかいないかの違いだけで、普通の人間関係と何も変わりがないのです。だからこそ、そうした関わり方を意識しながら、彼らとコミュニケーションを取ることで、さらに関係性は深まり、メッセージやサポートを、よりよく受け取ることができるようになるでしょう。

パート3

コヴェンティーナの力で真の豊かさを得る方法

不安と怖れを取り除く水の女神

コヴェンティーナは、ローマ・ブリトン文化の女神であり、海や川、湖、または井戸など、水が集まる場所を司《つかさど》るとされています。

読者の皆さんはすでにご存じかもしれませんが、水にはパワフルな浄化の作用があり、不安や怖れといった人間のネガティブな感情も洗い流してくれます。

ところで、不安や怖れの感情は非常に強力であり、「恐怖で足がすくむ」という言葉があるように、僕たちが人生を歩む上での大きな障害となり得ます。つまり、こうした感情は、何か新しいことを始めようとしたり、大きく変化していく時にも出てくるため、そのままにしていると、遅々として進まなくなってしまうのです。

今まで常識だと思っていたことや、長年頼りきっていたものが変化することに対して、多くの人が不安や怖れを感じるでしょう。

しかし、それを手放して、進んでいかなければ、あなたの望む新しい世界にシフトすることはできません。そのためには、変化することを妨げる怖れを「洗い流

コヴェンティーナ

す」必要があります。コヴェンティーナは、潜在意識の深い領域にアクセスし、表層的には捉えきれない怖れまでも、洗い流してくれるのです。

水を司るコヴェンティーナは、水生生物のイルカやクジラのスピリットと共同しており、彼らは、彼女のサポーターのような役割を果たしています。

コヴェンティーナが人間の潜在意識の領域にアクセスする際、イルカやクジラのスピリットも同時にアクセスします。眠る前にコヴェンティーナに対して「イルカとクジラのスピリットを伴って、私の夢の次元に入ってきてください。ありがとう」と伝えてから眠ると、夢見の質が大きく変化するだけでなく、眠っている間にヒーリング（癒し）も起こりますので、翌朝の目覚めが良くなります。また、何らかの問題を抱えていて、それに対する答えが欲しい時は、コヴェンティーナに依頼してから眠ってみてください。すると、あなたの意識に答えがダウンロードされて、内容を明確に覚えていなくても、直感的なひらめきや行動に反映されるようになります。

心の中に深い恐怖があり、それをなかなか手放せないという場合は、「私が寝ている間に、潜在意識レベルに存在する怖れを、すべて洗い流してください。ありがとう」と、コヴェンティーナに依頼してみてください。すると、朝起きた時に何かが変化していることを実感できるでしょう。ワークは簡単なのに、パワフルですので、ぜひ敬意と感謝の気持ちを持って、ためしてみてくださいね。

潜在意識の領域から、不安や怖れの感情が一掃された自分を想像してみてくださ い。足かせになっていた感情が消えてしまえば、人生を自由自在に飛翔できるような高揚感を感じるでしょう。

ただ、一度ワークしただけでは、不安や怖れから影響を受けなくなるわけではありませんが、くり返すことで、どんどんそれらが小さくなり、もはや、あなたの前進を妨げることはできないことに気づくでしょう。

コヴェンティーナと特につながりやすいタイミングは、眠る前と「水に関わっている時」です。入浴時、そしてプールや海に入る機会があったら、積極的にコヴェンティーナに依頼してみましょう。そういった時は、霊的な感性が開きやすく、コヴェンティーナのエネルギーを感じやすくなります。

お風呂でワークを行う時は、湯船の温度を37～40度にして、20分ほど浸かると良いでしょう。お湯には「エプソムソルト」（硫酸マグネシウム）を入れると、さらに効果的です。

僕自身も入浴時に使っていますが、エプソムソルトを入れたお湯に浸かると、細胞に溜まった不安や怖れなどの、ネガティブな感情のエネルギーが溶け出していきます。

注意点として、女神は気位が高いところがありますので、「コヴェンティーナ、あのさ～」などと、「タメ口」で話しかけると、ピシャリと叱られることもあり得ます。逆に「コヴェンティーナ様」などと、へりくだる必要はありませんが、敬語で会話するなど、ていねいな言葉づかいで接する方が無難です。ただ、バチが当たるなど、ネガティブな影響があるわけではなく、円滑なコミュニケーションを取る上での注意点みたいなものと、ご理解いただけたらと思います。

マスターといえども、わずかながら、自我は残っているのです。

それに対して、天使には我がまったくありません。なぜなら、天使は人間として生きたことがないため、人間が持つエゴを持ち合わせていないのです。言い方を変えれば、コヴェンティーナのように「神」と呼ばれるアセンデッド・マスターたちも、今の僕たちと同じように、さまざまな経験を通して波動を上げ、アセンションを遂げた存在なのです。

それでは、コヴェンティーナと共同して、不安と怖れを取り除くワークを紹介しましょう。

潜在意識に存在する不安と怖れを取り除くためのワーク（コヴェンティーナ）

①手のひらを上にして太もも上に置き、軽く目を閉じ、軽くあごを引き、背筋は自然に伸ばします。眉間に意識を置きながら、自分のペースで深呼吸をしてください。

②眉間に意識を向けながら、「私の潜在意識に存在する、不安と怖れを洗い流す」と、心の中で意図してください。これまでは、不安や怖れの感情を持つのは自然なことでしたが、ワークを続けると、だんだん、それらを当たり前のように感じることがなくなっていきます。そのことを思いながら、深呼吸を続けていると、あなたの潜在意識の扉が開き始めます。

③次にコヴェンティーナを呼びましょう。女神のような姿を思い描いても良いですし、光の存在としてイメージしても構いません。どのように想像するかは重要なことではなく、コヴェンティーナを意識することが重要なのです。「コヴェンティーナ、どうぞ私の元へ来てください」と、心の中で呼びかけると、彼女があなたの前に姿を現しますが、同時に光り輝くイルカとクジラが共にいるのを見てください。彼らもパワフルなサポートをしてくれます。

④コヴェンティーナたちが潜在意識にダイブしますので、あなたは、その様子を見守っていましょう。この時、あなたの目の前には大きな海原が広がっているのですが、これがあなたの潜在意識を表しています。この海は、とてつもなく広大で深いのですが、コヴェンティーナたちは、それ以上に大きな意識体なので、何ということはありません。

⑤潜在意識の海は、初めは凪《な》いでいて透明感があるのに、徐々に荒波が立ち始め、淀《よど》んでいく様子を見てください。なぜなら、あなたの不安や怖れが浮き上がって来るからです。やがて、嵐が来たかのように海が時化《しけ》てきますので、コヴェンティーナとイルカとクジラのスピリットに「私の潜在意識をクリアにしてください」、「私の不安や怖れを取り除いてください」と依頼しましょう。すると、彼女たちは潜在意識の海にダイブします。

⑥コヴェンティーナたちは強い光を放っていますので、黒い海の上からでも、光が薄く見えます。彼女たちが潜在意識の領域をものすごいスピードで泳ぎ回りながら、不安や怖れを吸い込む様子を見ていてください。それらが吸収されるにつれて、淀んだ海の水がクリアになっていきます。

⑦海の水が透明になるにつれて、波は穏やかになります。すると、コヴェンティーナはマーメイドのような姿になり、イルカとクジラのスピリットは、

何百、何千、何万と分身して、潜在意識の広大な海を一斉に泳ぎ回ります。コヴェンティーナは、海の底に潜って、あなたが気づいていない不安や怖れを吸収します。クジラは、その大きな体の中に、そしてイルカたちは、本当に楽しそうに泳ぎながら、軽やかに、それらのネガティブな感情を吸収していきます。あなたは、深呼吸をしながら、彼女たちが輝く光のしぶきを上げながら泳ぎ回る姿を見ていてください。その間に潜在意識の浄化が進んでいきます。

⑧コヴェンティーナたちが浄化してくれたあとの海を眺めて、暗い、重いと感じるところがあれば、「あの辺をクリアにしてください」と、テレパシーで伝え、誘導してください。そうすると、彼女たちは一斉に集合して、その場所に残る不安や怖れを吸収します。底が見通せるほど海が透明になった時、または「そうなっている」と感じた時、コヴェンティーナおよびイルカとクジラのスピリットは、あなたの潜在意識の海から勢いよくジャンプして飛び

出します。

⑨最後に、どこまでも透明になった潜在意識の海を、あなたに統合します。両手を、水をすくい上げるような形にして胸の辺りに構え、「私のクリアになった潜在意識のエネルギーを、この両手のひらの上に集める」と意図すると、大きな海原が直径20センチほどの光の球体に凝縮されて、あなたの手の上に集まります。この時、「こんなに大きなものが、手の上に集まるわけがない！」などと、頭で考えないでください。イメージなので、いくらでもできるのです。手に集まった球体を眺めていると、美しい七色の彩光、虹の光が、球体から溢れ出します。これは「浄化が完了した」というサインです。

⑩両手を額《ひたい》に近づけ、息を吸いながら光の球体を、眉間を通して吸い込んでください。それが「松果体」という脳の中心辺りに位置する器官に吸収され、そこから虹の光になって脳内に満ち溢れる様子をイメージしましょう。その

光は脳から、さらにフワーッと広がりながら体全体へと広がり満たしていきます。両手足の先までしっかり届くのを感じてください。全身が光で満たされたら、その光をさらに体の外側へと広げ、あなたを取り巻くオーラの隅々まで満たします。そうしたら、一つ大きく深呼吸……。

⑪それでは、コヴェンティーナおよびイルカとクジラのスピリットに、してくれたことのすべてを感謝し、手を下ろしてください。そのままゆっくりと目を開け、グーッと背伸びをし、拳で腕や足を軽くトントンと叩きながら、体を意識することでグラウンディングしておきましょう。

世界は平和と調和に向かい、一つに統合される

人類の集合意識が、僕たちが世界で何を体験するかを決めています。というのも、皆さんが現実と呼んでいるものは、意識の反映に過ぎないからです。つまり、僕たちの意識が不安や怖れに満ちていたら、それが現実に反映されるわけです。でも、皆が不安や怖れを手放すことができれば、世界は、もっと安心できる場所になるでしょう。

「魂」あるいは「ハイヤーセルフ」と呼ばれる「本質の意識」は、「平和」「調和」の周波数そのもので振動しています。その本質が不安や怖れなどのネガティブな周波数で覆われてしまうことで、真の自分を忘れ去ってしまっているのです。

自分の本質を透明な水晶玉として見た時に、不安や怖れは水晶玉に付着するコールタールのようなものです。そのコールタールをきれいに洗い流せばクリアな水晶がふたたび姿を現すわけですが、これが「目を醒ます」ということです。つまり、「自分は本来、美しい水晶そのものなのだ」、という事実に気づいた時、あなたは目

を醒ますのです。

コヴェンティーナと共同することで、愛や調和そのものである本質の意識を取り戻してサポートを受け取ることができます。そして多くの人が、こうした在り方を思い出すことで、その意識が現実に反映され、よりバランスの取れた世界が実現することになります。さらに、統合されることで対立する意識がなくなっていくため、国、言葉、性別などの垣根が取り払われ、ボーダレスな世の中になっていくでしょう。

人間の覚醒を妨げる不安や怖れ

コヴェンティーナのサポートにおける、その他の得意分野として、「サイキック能力（霊能力）」の向上が挙げられます。

もし、サイキック能力を使いこなせるようになれば、さまざまな方法で僕たちを支配しようと企む存在たちのネガティブな影響から抜け出すこともできます。「闇の存在」などとも呼ばれる彼らが人々を支配できるのは、その行動が大衆より一歩も二歩も先を行っているからですが、仮に「予知」や「予言」の能力を持っていれば、「彼ら」と同等、むしろリードすることすら可能です。サイキックな感性を通して、「その先」を読みながら動けば、彼らの支配から抜け出すことも可能であると言えるでしょう。

本来、誰もがサイキック能力の持ち主で、無意識に使っている場合もあるのですが、コヴェンティーナにサポートを求めることで、もっと意識的に使うことができるようになります。

ところで、不安や怖れの感情が解放されるほどに、サイキック能力は向上します。その理由の一つは、未来や霊的なものを「視ることへの怖れ」が存在するからです。たとえば一口に霊的存在といっても、種類はさまざまです。守護霊や守護天使、あるいは高次の存在と呼ばれるものは、関心がある人であれば一度は視てみたいと思うでしょうが、血みどろの霊は視たくないと思うのではないでしょうか。その意識こそが「視ることへの怖れ」です。これがある限り、どれだけトレーニングを積んでも、能力が伸び悩む結果になってしまうのです。

まずは、潜在意識に存在する可能性のある不安や怖れを、あらゆる角度からクリアリング（浄化）していくことが大切です。

本気でサイキック能力を開き、高めたいと思ったら、前の項で紹介したワークを行って、コヴェンティーナに、あらゆる種類のネガティブなエネルギーを洗い流してもらってください。

もし、特定の現象や出来事に怖れを抱いている場合は、あらかじめコヴェンティーナに伝えておきましょう。すると、コヴェンティーナが恐怖の原因にアクセスし、クリアリングしてくれます。

たとえば、さまざまなシチュエーションにおいてパニック障害に悩まされている人がコヴェンティーナにサポートを求めれば、いつの間にか、そうした症状から解放され、行動範囲が広がっていることに気づくでしょう。

サイキック能力は特別なものではない

サイキック能力というのは、僕たちの本質に備わる基本的な能力であり、けっして特別な力ではありません。

この事実を本当の意味で理解すれば、誰もがその能力を使うことができるようになります。

自分は霊能力とは無縁だと思っている人も、「虫の知らせ」などと呼ばれる直感を一度は感じたことがあるのではないでしょうか。あるいは、夢が現実になる「正夢」を見たことがある人もいるでしょう。直感や正夢もサイキック能力の一種であり、すべての人がサイキック（霊能者）なのです。

だからこそ、サイキックを特別視するのをやめることが大切です。それをすることで、霊能力を持つ者を神格化し、結果、彼らに自分の力を預けてしまうことになるのです。

有名人が霊能者や占い師に洗脳されたなどという話が良い例です。誰かや何かを自分よりも上や下にしてしまうことでバランスが崩れ、不自然なことになってしまうのです。

実際、２０２８年以降は、サイキック能力を発揮する子供たちが多く出現し始め、そうした能力に関する研究も加速するので、たくさんの人が目に見えない世界に対する認識を変え始めるでしょう。

その結果、本当の意味でのスピリチュアルブームが起き、「そんなものはない」、と目に見えない世界を否定する人たちは、勉強不足、時代遅れと見なされるようになるのです。

コヴェンティーナが断つ腐れ縁

サイキック能力には、大きく分けると四種類が存在します。霊的なエネルギーを視覚的に捉えるのが霊視（クレアボヤンス）、音声として捉えるのが霊聴（クレアオーディエンス）、感覚的に捉えるのが霊感（クレアセンシェンス）、そして、理由がわからないのに、なぜだかわかってしまうという感覚で捉えるのが霊知（クレアコグニザンス）です。

それ以外にも、霊臭《れいしゅう》（クレアアリエンス）という、霊的なエネルギーを臭いで感知する能力が存在します。

たとえばエネルギーが淀んでいる人に近づくと、不快な匂いが漂っていたりするのですが、それを匂いで感じるわけです。

「腐れ縁」と呼ばれるような人間関係をいつまでも続けていると、自らを取り巻くエネルギーが腐っていきます。当然ながら、嫌な臭いがする人には誰も近寄りたくないわけで、たとえ霊臭という感性がなくても、人々が自然と離れていく結果になるのです。だからこそ、腐れ縁は早くに断ち切るべきなのです。

ただ、腐れ縁とはいえ、それを手放すことで、孤独になってしまうのではないかと不安を感じる人もいるでしょう。そうした場合は、眠る前に「私が寝ている間に、私の中にある孤独になることへの不安や恐怖を洗い流してください。ありがとう」とコヴェンティーナに依頼しましょう。続けることで、もう離れた方が良いと感じる関係性を手放すことが、より簡単にできる自分になっているのが感じられるはずです。

サイキック能力を活性化させるためのワーク（コヴェンティーナ）

前の項でコヴェンティーナのサポートを受けて不安と怖れの感情をクリアにするワークを紹介しましたが、これから紹介するワークは、浄化したあとに行うと、特にパワフルな効果をもたらすもので、あなたの中に眠っているサイキック能力を活性化するのに役立ちます。

①手のひらを上にして、軽く目を閉じ、軽くあごを引き、背筋を自然に伸ばし

ます。そして頭頂部に意識を向けながら、自分のペースで深呼吸を続けてください。

②リラックスしてきたら、自分が海の中にいる様子をイメージしてください。海面を見上げると光が差し込んで幻想的な光景が広がっています。あなたを挟むように、片側には陽気に輝くイルカのスピリット、もう片側には、どっしりと落ち着き、穏やかに微笑むクジラのスピリットが存在します。

③次に頭頂部に意識を向けながら、「私は自分の中に眠るサイキック能力を活性化する」と、意図してください。頭の中心にコヴェンティーナおよびイルカとクジラのスピリットを招き入れます。あなたの頭の中心とは、「間脳《かんのう》」と呼ばれる脳の中心部に位置する部位ですが、正確な位置を知らなくても、大体で構いませんので、「私の脳の中心にアクセスする」と意図すれば大丈夫です。「コヴェンティーナ、イルカのスピリット、クジラのスピリットよ。

どうぞ私の元へ来てください」と呼びかけると、小人のような小さな姿で彼女たちが現れます。その三体のエネルギーが、あなたの頭頂部から間脳に入り込んで来るのを感じてください。

④間脳は、透明なクリスタルでできた、半円状のドーム型の部屋としてイメージします。その部屋の中に、コヴェンティーナおよびイルカとクジラのスピリットがいるのを視てください。脳の中心は、宇宙意識とつながっていて、ここに全意識を集中させることで、ニュートラルな意識状態へと自然に移行することになります。また、この部屋にはたくさんの機械のようなものがあり、そこにはいろいろなスイッチがついています。その中には、あなたのサイキック能力のスイッチもあって、今はオフになっていますので（すでにサイキック能力が開いている方も、さらに開く余地が残っていますので、オフになっていると思ってください）、それを心の目で探しましょう。

⑤スイッチが見つかったら、コヴェンティーナたちに「私のサイキック能力のスイッチをオンにしてください」と、依頼します。彼女たちがスイッチを押すと、機械から不思議な光が溢れ出し、部屋全体を覆います（光の色は、あなたの好きな色で構いません）。これは、あなたの脳内のサイキック能力を司る領域が活性化したサインです。

⑥スイッチをオンにしたら、一度大きく深呼吸をしましょう。そしてコヴェンティーナおよびイルカとクジラのスピリットに感謝の気持ちを伝えてください。すると、彼女たちはジャンプをして、ふたたび頭頂部へと戻ります（本来、間脳は、あなただけの部屋ですから、自分以外の存在を長居させてはいけません）。自分一人になったあと、部屋の中央に座り心地の良い椅子かソファーを置きましょう。そこに座ったら、頭上に黄金に光り輝く太陽のような球体をイメージしてください。これはあなたのハイヤーセルフのエネルギーです。

⑦球体から糸がぶら下がっていますので、糸を手繰《たぐ》り寄せましょう。そして部屋の中に黄金の光が入って来ると、光の粒子になって、部屋一面に広がります。部屋が光で満たされたら、「私は自分のサイキック能力を安全に安定した状態でコントロールする」と意図してください。そして、一つ深呼吸……。

⑧それでは、ゆっくり目を開け、グーッと背伸びをしましょう。最後に拳で腕や足を軽くトントンと叩き、体を意識することでグラウンディングします。

もしあなたが「そんな簡単なことで、サイキック能力が活性化するの？」と思ったとしたら、それはこうした能力は特殊で、開発するのは難しいことだと思い込んでいるのかもしれません。新しい時代は、簡単さ、シンプルさが主流になりますので、簡単にやればやるほど大きな変化を起こすことができるのです。つまり、これからの僕たちには無限の可能性が広がっているのです。

また、このワークは同様の手順をくり返すことで、さらなる能力の活性化を促すことができますが、他にも、「夢日記」をつけることもおすすめです。特にコヴェンティーナは、預言の能力を高めるサポートもしてくれますので、眠る前に、「コヴェンティーナ、どうぞ私の預言の能力を高めてください。ありがとう」と依頼してから眠りにつきましょう。夢を記憶できるようになると、その次元を通して情報やメッセージを受け取ることができるようにもなります。夢の記録をつける習慣が、より夢の内容を覚えていられるようになることのサポートになりますので、ぜひ楽しみながら続けてみていただけたらと思います。

今後、豊かさの定義が変わる

イタリア・ローマ市の「トレヴィの泉」など、水の中にコインを投げ入れて願いをかける風習は世界中で行われていますが、コヴェンティーナを祝う儀式が大元となっています。コイン、すなわち「お金」が示すように、コヴェンティーナは前のパートで紹介したガネーシャと同様、「豊かさ」をもたらす女神でもあります。

水がなければ誰も生きていけません。水とは豊かさの象徴でもあり、それを司っているマスターの一人がコヴェンティーナなのです。

さて、豊かになりたいのに、それが叶わないと言う人は、豊かになることに対して不安や怖れを抱いていることがあります。

「豊かになることの何が怖いの？」と、疑問を感じる人も多いでしょうが、豊かになることが、マイナス要因になることもあるでしょう。たとえば、急に大金を手にした人の元に、多くの人が群がってきたあげく、お金をだましとられたというのは、よく聞く話です。

人によっては、過去世を通して同じような被害を何度も受けた経験があり、その記憶を持ち続けることで、豊かさに対する不安や怖れが生じることもあるのです。

「幸せになり過ぎて怖い」という表現がありますが、豊かさに限らず、ポジティブな事柄を受け取ることに対しても抵抗が出てくるのが、僕たち人間の性《さが》なのです。

ただ、これからは「お金＝豊かさ」という時代は終わりを迎えることになるでしょう。今の日本を確認するだけでも、すでにその片鱗《へんりん》が見えるのではないでしょうか。

低迷する一方の現在の日本経済に危機感を持っている人は多いでしょうが、決してネガティブなことが起きているのではありません。言い方を換えると、世の中の豊かさの定義が新しいものに移行するプロセスが進行中であるということです。

新しい時代になって、今までの観念や概念が崩壊していく中、僕たちは「豊かさ＝お金」という考え方を手放すことになるでしょう。

そもそも、お金というのは、人生のさまざまな状況を便利に乗り切る、単なるツール（道具）に過ぎません。

たとえば、遠方に旅行する際、徒歩で向かうことも可能ですが、それだと、とてつもない時間と労力を使うことになります。でも、お金を払えば乗り物を利用できるため、徒歩よりもはるかにスピーディーに楽に移動できます。しかも、多くのお金を支払えば、より快適になるのです。

これから人類は、時間をかけてお金というツールが存在しない世界へと移行しようとしているので、豊かさの概念を根底から覆《くつがえ》す必要があります。これは、お金を所有することを否定しているのではなく、単に「お金に執着しない意識」を養いましょうということです。

たとえば、老後の生活資金を目的に過剰に貯金しようとする人がいますが、エネルギー的な観点からお話しすると、貯め込むというのは循環を妨げる行為ですから、結果的に身入りが少なくなってしまいかねません。だから、好循環を促すためには、受け取ったものを上手に与えること、つまり、「生きたお金を使う」ことが大切になります。

ところで、豊かさの定義が変わると、自分の周りには、さまざまな豊かさが満ち溢れていることに、気づけるようになるでしょう。

たとえば、たくさんのお金を持っていなくても、誰かに深く愛されていたり、自由時間がたっぷりあるという豊かさです。

これから特に大切になるのは人間関係です。お金は、結局人間関係によって循環するものであり、誰かに仕事を紹介してもらい、結果的に多くの報酬を得るということもあります。多くの人が、敬意と愛と感謝の気持ちを持って、良好な人間関係を築いていくことができれば、たとえ何が起ころうと互いに助け合える、揺らぐことのない豊かさを得ることになるのです。

さらに今後、豊かになるためには、各自の持ち合わせる「才能」を発揮することが重要になるでしょう。

「大激動の4年間」のうちの「2年目」に突入し、世界はますます混迷を極めることになります。生活が困窮する中、上手に乗り切っていくため、それぞれが「クリエイティブ性」を発揮する必要性が出てくるわけです。

食料問題が起きた時、たとえ食料が梅干ししかなかったとしても、「昨日は紀州産だったけど、今日は群馬産だね」などと、違う種類を楽しむ視点を持つことも一つの才能です。一見他愛のないことかもしれませんが、大激動の時代において最も大切なのは、「ユーモア」なのです。コヴェンティーナのサポートによって、これまでの凝り固まった意識に変化をもたらすことで、どんな時代が来ようとも、僕たちは軽やかに、その時々を楽しむことができるようになるのです。

新しい豊かさの定義は、「やりたい時に、やりたいことを、やりたいだけできる」です。本書を読んでくださっている皆さんは、自分の意識がどのように現実に反映しているか、すでに理解されている方も多いかと思います。自分の意識が豊かであるなら、「豊かさしか生み出すことはできない」のです。

不安や怖れを一掃して、豊かさそのものである本質が姿を現した時、あなたは豊かな現実のみを創造するようになります。僕たちが本質につながった時、世界はたちまち変化することになるのです。

すべてが想うだけで手に入るようになる

これからお金が存在しない時代にシフトするというお話をしましたが、「時間をかけて」と説明したように、あくまでも段階的なもので、突然貨幣経済が終了するわけではありません。近いうちに、幾つかの金融機関が消滅するかもしれませんが、銀行というシステム自体は、今しばらく存続するでしょう。

ただ、近いうちに紙幣の価値が変わる可能性はあります。たとえば一万円札が来年（2024年）には、現在の七千円程度の価値になるかもしれないということです。

実際にお金の価値が変わっていく可能性が加速度的に高まっています。デジタルマネーによるキャッシュレス決済が普及した現在、貨幣経済がふたたび盛況になる可能性は低いと言わざるを得ないでしょう。

そのような時代だからこそ、僕たちは豊かさの定義を変えていく必要があるのです。今までのような貨幣経済への回帰を期待するのではなく、新しい経済システムに移行する必要性が出てきます。物質性から精神性へと、その価値観が移行する中、お金よりも才能や資質など、目に見えるものから見えないものに価値基準が重く置かれるようになるのです。

そして、人々の意識が、より高いレベルへシフトした時、物々交換のような形が成り立つ経済システムへ移行することになるでしょう。

実際、地球以外の他の惑星では等価交換による経済システムが採用されています。等価交換とは、自分が所有しているものと他人の所有しているものの価値が同等と認識された場合、交換が成立するシステムです。

現在の地球人の意識において、お米と自動車を交換するというのは不釣り合いに思えるかもしれませんが、今までの価値観を超えて、本当に必要な物を必要としている時、シンクロによって出会いが起き、交換できるチャンスがやって来るという意識を持っていたら、「それが最善」という意識から、納得して交換できるのです。つまり、こうしたシステムを導入するには、相当、意識レベルを上げる必要があるということです。

言い方を換えれば、「これは私の物」といった「所有欲」を手放す必要が出てくるわけです。それは簡単ではないかもしれませんが、それが外れることで、「何一つとして自分の物など存在せず、一つなる意識において、真に必要とする者が必要な物を受け取る権利を持っていて、どの存在にも平等にその機会が与えられている」という宇宙の真理に根ざしているため、そこに不平不満は存在せず、本当の意味での調和が生み出されることになるのです。

たとえば、こんな感じです。あなたが、ものすごい強い日差しの中を歩いていて、喉がカラカラになっているのを想像してください。でも、自動販売機もなく、飲み物が飲めるようなお店もありません。「喉が乾いた……、水が飲みたい」と喉から手が出るくらいの思いで歩いていると、道の向こうから人が歩いて来て、その手には水のペットボトルが握られています。そして、すれ違いざまに、その人がおもむろに「私、お水要らないんですけど、もらってもらえませんか？　荷物になっちゃってて、邪魔なんです」そんな感じで、あなたの必要としている物が入り、相手の希望も叶う、という。

人々の意識が進化することで、世界は、まるっきりその姿を変えることになるのです。

必要なものが必要なタイミングで、ピタピタッとパズルのピースがハマるように、一番良い形で配置されるようになる世界が待っているのです。

新しい時代の豊かさのエネルギーをダウンロードするワーク（コヴェンティーナ）

①両手を組んで太ももの上に置き、軽く目を閉じ、軽くあごを引き、背筋は自然に伸ばします。みぞおち（太陽神経叢）に意識を向けながら、深い呼吸を続けましょう。

②リラックスしてきたら、そのままみぞおちを意識し、「私は新しい時代の無限の豊かさを受け取ります」と、意図します。そして、あなたが、きれいに透き通った無限に広がる大きな海の真ん中に立っているのをイメージしてください。この海は、潜在意識ではなく、あなたが受け取ることのできる豊かさを表しています。

③コヴェンティーナおよびイルカとクジラから、豊かさのシンボルを受け取ります。最初にコヴェンティーナを呼びましょう。「コヴェンティーナ、どうぞ私の元へ来てください」と呼びかけると、波しぶきを上げて、彼女が目の前に現れます。コヴェンティーナは手に黄金の壺を持っており、壺の中は、ゴールドのコインで満ち溢れています。彼女はあなたに近寄ると、頭の上で壺を逆さまにします。するとゴールドのコインが勢いよく流れ出てきますので、深呼吸をしながら、全身37兆個の細胞の一つひとつをコインが埋め尽くすのを視てください。コインは、新しい時代の豊かさのエネルギーが結晶化したもので、新たな豊かさの定義が刻み込まれています。すべての細胞からコインの光が放たれているのを感じたら、コヴェンティーナに感謝の気持ちを伝えましょう。すると彼女は、スッと海の中に姿を消します。

④コヴェンティーナと別れたら、海の上を惹かれる方に歩いてください。ここで良いと感じる場所で足を止め、目の前に広がる海を見ながら、「イルカの

スピリット、どうぞ私の元へ来てください」と呼びかけましょう。すると、光り輝く巨大なイルカのスピリットの集合体が海の中から現れます。彼らが与えてくれる豊かさは、「ワクワク」「楽しさ」「情熱」「喜び」といったポジティブな感情です。こうした感情に満たされて生活できるというのは、非常に豊かなことです。さてイルカのスピリットが、パール（真珠）のような光の球体を与えてくれます。その中には、ポジティブな感情が満ち溢れていますので、息を吸いながらみぞおちに入れてしまいましょう。

⑤そのまま、みぞおちに両手を重ねて置いて、深呼吸をしながら、その光を感じてください。光に意識を向けていると、あなたの内側に静かなワクワク、楽しさ、情熱、喜びなどを感じるでしょう。そうしていると、パールのような光の周囲が、シャボン玉が消えてしまう時のように、だんだん薄くなって、パーンと弾け、中からパール色の光が溢れ出します。そうしたら、深い呼吸をしながら、みぞおちから広がる光が、まずは脳に満たされるのをイメージ

しましょう。脳内が光で満たされたら、そのまま体全体に広がり、さらには体の外へと拡大して、オーラの隅々まで満たされるのを想像してください（意識の変容において、脳とオーラの領域を光で満たし、活性化することが大切なポイントになります）。

⑥イルカのスピリットに感謝の気持ちを伝えたら、別の惹かれる場所に移動して「クジラのスピリット、どうぞ私の元へ来てください」と、呼びかけましょう。するとクジラのスピリットの集合体が現れます。彼らが司る豊かさは「宇宙の叡智」で、クジラが巨大な体を持っているのは、高度な宇宙の叡智と大きなエネルギーをダウンロードするためです。それでは、彼らの額から、美しい藍色の光線が、あなたの眉間に向かって放射されるのを視てください。藍色の光線は宇宙の叡智を表しています。それを深呼吸しながら、脳の中心辺りにある「松果体」という、松ぼっくりのような形をした器官に、眉間を通して流れ込む様子をイメージしてください。もう十分と感じるまで

光を吸収しましょう。

⑦光を十分に受け取ると、松果体の中心から、藍色と紫色がきれいに混ざり合った光が、放射状に広がり始めます。そのままリラックスしていると、次第に宇宙空間に包まれていることに気づきます。その空間に、気持ち良く漂っていると、周囲には星雲が視えたり、恒星や惑星が光り輝いているのが視えるかもしれません。その時、あなたが受け取っているエネルギーは、宇宙の叡智そのもので、次第に、新しい地球における豊かさの意識へと変化していくことを理解しておいてください。

⑧そのあと、徐々に宇宙空間が薄らいでいき、ふたたび光り輝く、透明な海が360度に広がっている光景が視えてきます。そうしたらクジラのスピリットに感謝の気持ちを伝えましょう。海になじむように姿が消えていきます。最後に、ゆっくりと目を開け、グーッと伸びをしてください。そして拳で軽

くトントンと腕や足を叩き、体を意識することでグラウンディングしておきましょう。

イメージというのは、特定のエネルギーにつながる扉（シンボル）の役割を果たしています。イメージを通して、ポジティブなエネルギーにアクセスし、才能の開花や、現実世界に望む変化を起こすことができるのです。想像力（イメージ力）という創造主からの贈り物を最大限に活用し、自分自身や人生に、どんどんポジティブな変化をもたらしていきましょう。

パート4

癒しのエネルギーを使って回復する方法

癒しのエネルギーを発信する電波塔になる

メディアの多くは、僕たちの不安や恐怖を煽るような演出や表現をすることで、世の中をコントロールする傾向が強いと言えるでしょう。そんな中、ニュースを始めとした、あらゆる媒体を通して流れてくる情報に一喜一憂していたら、まんまと相手の思うツボにはまることになります。

僕たち一人ひとりの意識が、日本の、引いては世界の集合意識を創ることになります。そして、その集合意識によって、僕たちが何を体験するかが決まることになるのです。そうであるなら、愛と調和に満ちた、ポジティブな意識を保つ人が増えれば増えるほど、この地球は、より素早く平和を実現できるようになるでしょう。

つまり、「一人ひとりが高い波動を発信する電波塔になること」が重要になります。簡単に言うと、あなたが安心していれば、その周波数が周囲に放たれ、各自の中に存在している安心というフィーリングに共鳴し増幅することで、皆がより安心を感じられるようになりますし、不安に苛《さいな》まれていれば、それも電波のように発信され、影響を与えることになるわけです。

もし、あなたがあらゆる面で癒されたなら、そのバランスの取れたエネルギーは、強力なポジティブエネルギーとなって、広範囲に伝播されるでしょう。

この章では、自分自身の「心の痛み」を取り除き、「過去」を癒すことでバランスを取るためのヒーリングの方法をお伝えします。あなたが癒されたら、人を癒そうとしなくても、そのエネルギーは自然に広がり、多くの人が癒されることになるのです。

過去を癒す、と聞くと驚く人もいるでしょうが、後のパートでお話しするように、時間というのは過去・現在・未来という、一直線の時系列に沿って存在しているのではなく、毎瞬、一コマ一コマ独立して存在しているので、いわゆる「未来を癒す」ことも可能なわけです。

ヒーリングを行うことで、自分にとってのトラウマ（心の傷）が癒されれば、今までネガティブに反応していた事柄を、ポジティブに捉えることができるようになるなど、さまざまな体感の違いをもたらします。ヒーリングのエネルギーは、家族や友人、または遠く離れた場所に住む知人などにも送ることが可能です。まずは基本的なヒーリングの方法を覚えて、自分に活用してみてください。

他人を癒したいと思ったら、まずは自分を癒す

多くの人たちが、現実とは自分と関係なく、勝手に展開していくものであると思っていますが、真実は、僕たちの「意識の反映」に過ぎません。つまり、僕たちがどういう意識で存在しているのかが、個人が体験する現実に影響しているということです。ということは、調和の意識を保つ人が増えれば、世の中も調和が取れてくるのは自然なことなのです。

言い方を変えれば、現実というのは、スクリーンに映し出された映像で、そのフィルムとなるのが、僕たちの感情（フィーリング）になるわけです。ポジティブな感情であれば、それを伴う現実を反映し、逆も然りです。今という混沌とした時代は、僕たちのネガティビティーをこれでもかと炙《あぶ》り出しますが、それは元々、自

分の中にあったものであり、ないものが出てくることは決してありません。オレンジを絞っているのに、ぶどうのジュースが出てくることはありませんよね？　こうして、世の中の出来事を通して、各自の中に元々持っていたネガティブな感情に気づくことで、それを手放すチャンスが与えられているのです。そして、手放せば手放すほど、僕たち本来の「愛」「調和」「安らぎ」「喜び」「豊かさ」などのポジティブな性質が自然に表れるようになり、結果、その反映として、世界はまるで天国のようになるわけです。

こうした事実がだんだん理解できるようになると、僕たちは、もはや現実を問題視することはなくなります。自分の意識が現実に反映しているのであれば、今までは問題だと思っていた現実をなんとかするよりも先に、先《ま》ずは意識を変えようとしますよね？　ＤＶＤを観ていて面白くないと思ったら、映像をなんとかするのではなく、元になるソフトを替えるのとまったく同じです。つまり、「人生は自分次第でどうとでもなる」ということが体感できるようになるので、問題が起きたと悩むことはもはやなくなります。

このパートのテーマでもある、「人を癒したいと思う時ほど、自分を癒す」という言葉の意味も、これでお分かりになっていただけるのではないかと思います。つまり、あなたが「誰かを癒したいと思えば、癒される人を生む」ということです。あなたは「癒さなきゃいけない『誰か』が存在する」と思っているわけですが、「その癒されるべき人は、誰かではなく『自分自身』である」ことを理解し、自分を癒すことで、もはや「癒されなければならない人は、現実というスクリーンに反映されることはなくなる」のです。

呼吸を活用したヒーリング

この項では、僕が実践しているヒーリングの基本についてお伝えします。

さまざまなヒーリングの手法が存在しますが、僕がお勧めする方法はシンプルなもので、主に呼吸を意識したものです。

ヒーリングをする際には、同じリズムで呼吸し続け、決して止めたりしない、ということが大切です。息を止めることで、ヒーリー（ヒーリングを受ける人）のネガティブなエネルギーを受けてしまうことがありますが、連続的な呼吸を続けることで、エネルギーが循環しますので、ネガティブな影響を避けることができるからです。ちなみに、ここで扱うヒーリングエネルギーというのは、僕たちの周りに存在する「プラーナ」という生命エネルギーそのものです。だから、あなた自身のエネルギーが枯渇するようなことはありませんし、無尽蔵に使うことができますので、ポイントさえ押さえておけば、疲れるようなことはない、ということも知っておいてください。

①先ず、両足の指先か足裏を意識してください。足から息を吸いましょう……。もちろん、息は鼻から吸いますが、足を意識しながら吸うことで、エネルギー的には足から息を吸うことになります。呼吸は「4秒で吸って4秒で吐く」というリズムを守ってください。では、息を完全に吐き出したあと、4

秒で頭のてっぺんまで息を吸います。その際、「1、2、3、4……」と、心の中でカウントしながら行い、光のエネルギーが、足を通り体を通って頭のてっぺんまで吸い上げられるのをイメージします。

②次に息を吐く時にも4秒で吐き切りますが、エネルギーの流れは両手のひらに移ります。頭のてっぺんまで吸い上げたエネルギーを、息を吐きながら、首元にまで下ろし、そのまま両腕、両手のひらへと流し、最後に放出しましょう。この一連の流れを続けることで、多くの人が、両手が熱くなったり、冷たくなったり、あるいはチクチクしたりと、何らかの体感の違いを感じられるでしょう。それは、上手にエネルギーが流れている反応の一つです。それを数分くり返すことで、エネルギーを流す回路をクリアにし、ヒーリングエネルギーが、より多く流れる条件を作ることができます。何より、これだけでも、あなたは癒されることになります。

③では、このエネルギーを特定の領域に流してみましょう……。と言っても簡単です。あなたの調子の悪いところに手を当てながら、呼吸法を続けるだけです。足からエネルギーを吸い上げ、手からエネルギーを流す……。この繰り返しです。楽になったり、もう十分だと感じたら終えるか、次に気になる部分へと移ります。もし、手が届かない場所であれば、「気持ちの手」がそこにあると思って、そこから流れていくのをイメージすれば大丈夫です。

手の感覚が分かりづらければ、手のひらを軽く擦り合わせることで、感覚を敏感にすることができますので、試してみてください。特に手のひらの真ん中辺りの「労宮《ろうきゅう》」というツボからエネルギーが強く放たれていますので、温かくなるまで擦ったら、両手のひらを合わせるように構え、離したり近づけたりすると、何らかの違いを手のひらで感じられるでしょう。それが、目に見えないエネルギーです。

さて、ヒーリングをする際のポイントとして、痛い場所をサンドイッチのように挟むというのがあります。たとえば、膝が痛ければ、膝を両手で挟むように構えるということです。手は不調を感じる場所に直接当てても、少し離しても構いません。

もし、小さいお子さんやペット、もしくはピンポイントで痛む場所がある、というような場合には、親指と人差し指、そして中指の先をくっ付け、指先を気になる場所に当てると効果的にエネルギーを流すことができるでしょう。簡単に言うと、どこか調子が悪いというのは、その場所の波動が落ちているのです。なので、ヒーリングエネルギーという高い波動のエネルギーを流すことで、その箇所の波動が共鳴を起こして高まり、活性化され、正常な状態を取り戻すわけです。なぜなら、「本来の僕たちは、完全に癒された、健康な存在そのもの」だからです。

体全体を癒す6箇所のポイント

人体には、体全体を癒すために押さえておくべきポイントが6箇所存在します。特にどこの調子が悪いというわけではなく、体全体を整えたいとか、より高いレベルで機能するためのメンテナンスがしたいという場合は、このポイントにヒーリングをしてみましょう。

6箇所の部位とは、「頭頂」「眉間」「のど」「ハート（胸の真ん中）」「心臓」「みぞおち」です。これらのポイントには特にネガティブなエネルギーがたまりやすいので、バランスを取るため、定期的にヒーリングをすることをおすすめします。

まず、頭頂にソフトボールくらいの光の球体をイメージし、それを両手で包むようにしながら、基本のヒーリング法を使って、エネルギーを流します。数分、あるいは直感的に、もう大丈夫と感じたら、次は眉間に手を移します。各ポイントには、頭頂と同じように、光の球体をイメージし、手のひらを眉間に向けながら、エネルギーを送りましょう。

あとは、のど、ハート、心臓、みぞおちの順にヒーリングをしていきます。すべてのポイントを癒したら、通常の呼吸に戻してください。

六つのポイントを活性化させると、波動が上がり肉体と精神両面のバランスが整うようになります。

眠る前に行えば、翌朝はリフレッシュされた状態で起きられますし、ヒーリングを習慣にすることで、疲労回復や、肉体および精神の健康に役立てることができるでしょう。

あらゆる場面に応用可能なヒーリング

ヒーリングをすることに慣れてきたら、家族や友人など身近な人を対象に行ってみてください。

ペットにもヒーリングができますが、人間のようにじっとしていることが難しいので、たとえば、抱っこしてあげたり、抱きしめてあげながら、両手と体全体からヒーリングエネルギーを流してあげましょう。

ヒーリングをしすぎるということはありませんので、時間などは気にせず、ご自分の直感を信頼しながら行うようにしてみてください。

他にも、飲料水にエネルギーをチャージするのもお勧めです。特に水の分子は波動を記憶しますので、ペットボトルを両手で挟み、数分ヒーリングエネルギーを送ることで、「高波動水」に変化します。それを飲むことで、体全体に癒しのエネルギーが行き渡ることになるのです。ワインが好きな方は、それにもエネルギーを送ってみてください。僕の経験上、赤ワインなどは、よりまろやかになります。ただ、ビールは、他の炭酸飲料と同じく、「気が抜けた」ようになり、風味を損ねる印象が強いので、あまりおすすめはしません（笑）。

もちろん、食べ物に向けてヒーリングエネルギーを送るのも有効です。食卓に並ぶ料理に手をかざして、数分エネルギーを流すと、食品の波動が上がって「ヒーリングフード」が出来上がります。

ただ、飲食店などで料理に手をかざすのは抵抗を感じるという人もいるでしょう。その場合は、料理を見ながら手をかざしているところをイメージしてください。もしくは、自分の両手の上に、テーブルに乗っている料理がすべて収まっている様子をイメージします。そうしながら数分、癒しのエネルギーを送れば、同様の効果を得ることができるのです。

直接手をかざさなくてもヒーリングができるというのは、「遠隔ヒーリング」が可能であるという事実を証明しています。実際、エネルギーは時間と空間を超えて届けることができるのです。

たとえば、電話で話している相手が頭痛を訴えた場合、少し集中力は要りますが、その人が目の前にいるのをイメージし、頭を両手で挟むように構えてエネルギーを流せば、ヒーリーがその場にいるかのようにヒーリングをすることが可能です。

過去を癒すためのワーク

ヒーリングを応用して、「過去を癒す」方法をご紹介します。

①まず、手のひらを上にして太ももの上に置き、目を閉じ、軽くあごを引き、

背筋を自然に伸ばします。しばらく深呼吸を続け、リラックスしましょう。次に、直径30センチ程のクリスタルの球体を持っている姿をイメージしてください。そこに辛い経験や恥ずかしい思いをした事、罪悪感を感じ続けてしまう行為など、過去のネガティブな出来事が、映し出されている様子をイメージします。

②そうしたら、クリスタルの球体に向けてヒーリングエネルギーを送りましょう。ネガティブな過去の出来事にエネルギーを送り続けると、その現実を体験していた時の波動が上がることになります。不思議に感じるかもしれませんが、癒しのエネルギーは時空を超えて届くのです。このワークをする時、あなたは「実際に、その出来事を体験している時のあなたと時空間にエネルギーを送り届けている」のです。これを続けていると、その出来事を体験しているあなたの波動が上がり、認識力と感性が拡大するため、当時はネガティブに捉えていた出来事を、「過去のあなたは、新しい高い視点で受け取

ることになる」ため、よりポジティブで軽やかな印象を持つようになります。つまり、「過去の捉え方が変わることで、現在のあなたの意識も変わってしまう」わけです。

③直感的に、もう十分と感じたら、上空に宇宙空間をイメージし、そこに向けて風船を飛ばすように、クリスタルの球体を放ちましょう。すると、瞬く間に宇宙に吸い込まれていきますので、完全に見えなくなったら、一つ深呼吸……。最後に、ゆっくりと目を開け、グーッと背を伸ばし、拳で軽く腕や足を叩きながら、体を意識することでグラウンディングしてください。こうして過去を癒せば癒すほど、あなたの気分は良くなり、前進することを阻んでいたトラウマの影響から解放されるため、人生がよりスムーズに流れるようになるでしょう。

パート5

支配のエネルギーから抜け出す方法

目醒めるプロセスにおいて生じる罠

今後、僕たちが目を醒ましていくプロセスにおいて、陥りやすい罠ともいえるものが存在します。罠にハマってしまえば、「眠った状態」に留まり続けることになるでしょう。

あるいは、真に目を醒ますのではなく、「目醒めたふう」で人生を終えることになるかもしれません。だからこそ、目醒めのプロセスにおける罠ともいえる部分を浮き彫りにし、クリアにしていくことが重要なのです。

まず一つめの罠は、僕たちは目を醒ましていくにつれて「私VS他」の意識に陥りやすくなります。この場合の「他」というのは、他人など自分以外のあらゆる物を指します。

わかりやすく表現すると、真実に目醒めていく中で、一時的に「分離」の意識が強くなるということです。

例を挙げると、現在は「世界を支配する勢力が存在する」という、今までは隠されていた真実に気づいた人々と、支配者側に属する人々の間で闘いが繰り広げられ、光と闇の二極化が強化されています。「光VS闇」「真実を知る人々VS支配者層」といった対立構造が生まれてしまうと、確実に分離状態になるのです。

僕は常々、本質の光と闇は対極ではなく、「清濁《せいだく》併せ呑む」という意識が大切であると、皆さんにお伝えしていますが、こうした「分断」が生まれること自体が罠なのです。

「『彼ら』に何かをされている私たち」という意識が芽生えた瞬間、「被害者と加害者」という立ち位置が生まれ、自らの立場や考えの方が正当だと主張すればするほど自分の中の分離意識を強めます。そして、それこそが、支配者層と呼ばれる彼らの狙いなのです。

「分断」を通して、「正義」や「闘い」の周波数を使い続けている限り、本当の意味で目を醒ますことはありません。まず、僕たちが理解する必要があるのは、「すべては、一つなる意識である源から始まっている」という事実です。そして、そうであれば、本来は「みんな同じ」なのです。この事実こそが、「清濁併せ呑む」の本質の部分になります。

「あいつのせいで仕事に失敗した」「給与が上がらないのは、政府が悪いからだ」と、自分がうまくいかないことを、他人、あるいは政府や社会の責任にする人がいますが、この在り方こそ分離という眠りの意識そのものと言えるでしょう。

この世界は、あなたを含むすべての存在との共同創造によって成り立っています。「他」のせいにして、責任を押し付けるというのは、自身が持つ創造主としてのパワーを「預けてしまっている状態」なのです。そこに気づかない限り、いつまでもパワーを取り戻せないので、本来の自分を憶い出すことができません。

ただ、このような話を頭で理解していても、日常に戻ると、すぐに分離の意識に捉われてしまうということもあるでしょう。

でも高い視点から観たら、この世界に本当の意味で「異なるグループ」など存在しません。つまり分離意識から、さまざまな「グループ」や「派閥」と呼ばれる違いが生まれたのです。もっと言えば、分離から、「男女の違い」「国の違い」「肌の色の違い」「言葉の違い」なども生まれているわけで、この世界は、もう分離できないところまで分離し尽くし、結果、戦争まで起こしています。

さて、肉体を持ったまま目を醒まし、本来の自分で姿を現したいなら、分離意識に気づかないふりをするのではなく、自分の中に存在するかもしれない「私ＶＳ他」という意識に、しっかり光を当てましょう。

僕たちは、誰もが眠ったわけですから、分離意識が存在しない人など存在しないのですね。

何事であれ、自分の中に存在しないものを体験することは不可能です。たとえば、あなたの中に「闇」の周波数がなければ、誰かや何かが「闇」であると体感することはできないのです。つまり、誰もが持っているものを、「認める」か「認めない」かに分かれるだけだということです。

二つめの罠は、「物理的な現実を否定する」ことです。

スピリチュアルなことを仕事にしている人の中には、その活動でお金を稼ぐということに、少なからず抵抗を感じている人もいます。

そもそも、「すべての元」となるのは「スピリット」という目に見えないエネルギーであり、お金を含むすべての物も、それらが具現化したものにすぎません。僕やあなたの肉体も、目に見えないエネルギーが物質化したものなのです。

つまり、お金を受け取ることへの抵抗というのは、物理的なエネルギーを拒否することにつながり、結果、スピリットという本質のエネルギーを否定することになります。

お金や肉体を否定するというのは、ある意味で、物理次元を選択して降りてきた自分自身を否定することと同じです。そして、それは分離の意識をさらに強めてしまう結果につながってしまいます。

たとえば、好物の肉料理を絶つなど、禁欲的な行為を通して目醒めをうながそうとする人がいます。

もし肉料理を食べないということに、心も体も納得しているのであれば問題ありませんが、誰かの受け売りなど、本心から納得していない場合はＮＧです。

無理に禁欲的な生活を続けると、分離しながら進む形になりますので、ネガティブな周波数にまみれていくことになります。肉料理を無理に絶っている人の場合、心の奥底には「お肉が食べたい」という意識が存在するため、肉料理を食べている人を批判する気持ちが芽生えます。否定とは、最も波動を下げる行為ですから、この場合、喜びや幸福感を感じながら肉料理を食べている人の方が、よほど波動が高い状態と言えるでしょう。

そのような意識に気づかないままだと、いくら禁欲的な行為を続けても意味はありません。仮に変化を求めて食生活を制限しても本末転倒になるだけでしょう。

三つめの罠は「優越感に浸る」ことです。

目醒めてゆくプロセスにおいて優越感が生じる人を、僕は何人も見てきました。「私は本当の目醒めの道を歩んでいるけど、あの人の目醒めは、まやかしね」といった意識です。

たしかに、目を醒ましていくと、これまでにない感覚が芽生え、今までわからなかった事が理解できるようになるなど、多くの変化が生まれます。それは、すばらしい話ではありますが、その結果、「目醒めた者」同士が徒党を組んで、そうでない人たちを憐れんだり見下すケースもあるのです。

つまり、自分の中の劣等感を克服するために目醒めようとする人もいるわけですが、そのような人たちは、「目醒めている＝優れている」という固定観念を持っているのです。

そのような意識が芽生える理由は、ハートが完全に開いていないからです。思いやりや共感する感覚が欠如してしまうため、相手を見下してしまう結果になります。本当の意味で目を醒ますなら、ハートをオープンにし、条件つきの愛を「無条件の愛」へと昇華させることが大切です。そこで、以下のワークを試してみてください。

「私VS他」の意識を手放すためのワーク

①手のひらを上にして、目を閉じ、軽くあごを引き、背筋を自然に伸ばします。そうしたら、ハート（胸の真ん中）に意識を向けて、自分のペースで、しば

らく深呼吸を続けましょう。

②目の前に嫌ったり、憎んだりしている人が立っているのをイメージしてください。どれだけ多くいても構いません。ネガティブな感情を抱く人を思い描くことに抵抗を感じるかもしれませんが、正面から向き合うことが大切です。特定の人が思い浮かばない場合は、黒い人影をイメージしましょう。目の前にいる人に向かって、「私は、『私VS他』といって、自分の全責任とパワーを預けてしまったすべての人から、それらを取り戻します」と、ハートから宣言してください。宣言し終えると、目の前の人が、愛のエネルギーによって変容を起こし、ダイヤモンドの光の粒子になって、フワーッとあなたに向かって流れてきます。このダイヤモンドは、あなたの全責任とパワーのシンボルです。

③流れてきたダイヤモンドの光の粒子を、深呼吸しながらスーッとハートの中

に吸収してください。すべてのダイヤモンドが戻ってきたことを確認したら、両手をハートに重ねて置いて、ハートの中のダイヤモンドに意識を向けながら、呼吸と意図を通して、その光が、まずは脳に、そして全身に、最後に体の外に広がって、オーラの隅々まで満たすのをイメージします。

④ふたたび正面を見ると、先ほど思い浮かべた人が立っています。さらに美しく光輝く大きな球体が上空に浮かんでいる様子をイメージしましょう。この光は源のエネルギーであり、無条件の愛と感謝、そして至福の周波数そのものです。

⑤その光が降りてきて、あなたと目の前にいる人々をまとめて包みこむのを感じてください。しばらく光の中で深い呼吸を行いましょう。光の粒子を呼吸し続けていると、あなたも、目の前の人も、光になって溶け出し、源の光の中に融合していきます。こうして、「私VS他」という分離のない、一つな

る意識である「源」そのものとして存在しているのを感じましょう。

⑥それでは、その意識を保ったまま、ゆっくりと目を開け、グーッと伸びをしてください。拳でトントンと軽く腕や足を叩き、体を意識することでグラウンディングしておきましょう。

「物理的な現実を否定する」意識から抜け出すためのワーク

①手のひらを上にして、目を閉じ、軽くあごを引き、背筋を自然に伸ばします。

②目の前のスクリーンにあなたが否定したくなる物や出来事が映し出されている様子をイメージしてください。具体的なイメージが思いつかない場合は、真っ黒い物体をイメージしましょう。

③ハートに意識を向けながら、「私は目の前にある、物理的現実の本質を観る」と意図します。その後、ふたたび、スクリーンに映し出された物や出来事を眺めると、その映像が、だんだん希薄になり、キラキラと輝くダイヤモンド

のような光の粒子に姿を変えます。これは、あらゆるものが同じ源から派生したことを意味していて、すべてのものが、源の光の粒子でできていることの表れです。そして、スクリーンから光の粒子がフワーッと溢れ出て、あなたに向かって流れ込んでくるので、それを全身に、そしてオーラの隅々まで満たしてあげてください。

④あなたが否定していた物理的な現実は、自分と同じ、源の光そのものだったのだという事実を意識しながら、ゆっくり目を開けましょう。そしてグーッと背を伸ばし、拳でトントンと軽く腕や足を叩き、体を意識することでグラウンディングしてください。

「優越感・劣等感に浸る」意識を手放すワーク

①足元には、どこまでも広がるプラチナシルバーのフィールドをイメージしましょう。周りは宇宙空間になっています。

②「100の位置」に立つために胸の中央部に手を当てて、「私は自分の使っている周波数だけに100集中する」と意図したあと、トントントンと胸を3回叩いて、一つ深呼吸をしてください。そうしたら、目の前にダイヤモンド製のオクタヒドロンを用意し、優越感をバイブレーション・ビルディングします。自分の中にある、その感覚を「形」「硬くて重たい材質」「大きさ」「重さ」にして、オクタヒドロンに入れましょう。

③一つ深呼吸をしたら、ふたたび自分の内側に意識を向け、今度は劣等感をバイブレーション・ビルディングし、それをオクタヒドロンの中に入れてください。

④ダイヤモンド製のオクタヒドロンの中に入った優越感と劣等感を持ち上げて、硬さと重量感をしっかり感じてから、スコンと両手で前に押し、自分とその物体との間の隙を意識します。今、あなたの手のひらにオクタヒドロンがくっついている状態ですが、そうすると、両手を伸ばした分の距離が、物体との間にできていますよね？　それを意識することで、脳が「これは、自分以外の別のもの」と認識し、手放すことを許可してくれますので、ポンッと押し出すことで、オクタヒドロンが手から離れ、右回転の螺旋を描きながら、その先に光り輝く源に吸い込まれてゆきます。

⑤最後まで吸い込まれるのを見届けたら、一度深呼吸をしましょう。そうした

ら、今手放したバイブレーションの残りカスが、潜在意識の領域にブワッと溢れ出しますので、あなたの背後の空間に、漆黒の宇宙空間が広がっていて、そこにダイヤモンド製のオクタヒドロンの中に、優越感と劣等感が入ったミニチュア版が、何百、何千、何万と浮かんでいるのを視てください。それを潜在意識の扉を開いて、一気に目の前にシュッと、見上げても見上げきれないくらいの巨大なオクタヒドロンにして、集めていきます。

それでは、目の前に、2枚扉の潜在意識の扉があるのをイメージして、取手に手をかけ、パッカーンと、前方に向けて開き、後ろから前に手を動かしながら、開いた扉から、残りカスが一気にダーッと飛び出してきて、シュッ、ガチッと一つの大きなダイヤモンド製のオクタヒドロンが形作られるのを視ます。それをスコンと前に出し、先ほどと同様に、物体と自分との間にできた隙間を意識して、ポンッと軽やかに手放してしまいましょう。すると、どんなに巨大な物でも、きれいに螺旋を描きながら、その先の源にズボッと勢いよく吸い込まれていきます。

⑥吸い込まれるのを、最後まで見届けたら、深呼吸……。統合されたバイブレーションは、源で光になって、あなたの足元に戻ってきます。そして、光の濃密な上昇気流を作り出し、磁場ごとグーッとあなたを上へ上へと押し上げます。あなたは、意識を上空の宇宙空間に向けながら、エレベーターで上へ上がるように、気持ちよく上がっていきましょう。上がり切れるところまで、もしくは、この辺まで上がってくると気持ち良いなと感じるところまで、上がってください。そうしたら、周りを取り巻く時空間のエネルギーを感じてみます。「静けさ」「広がり感」「透明感」「調和」「安らぎ」などを感じてみようとすることで、波動を上げてシフトしたパラレルワールドに、しっかりチャンネルを合わせることができるのです。

では、自分の体が透明感のあるクリスタルの体になっているのを視て、足元が、今上がってきた、プラチナシルバーのフィールドに結晶化しながら、グググッと根付くのを感じ、グラウンディングしましょう。最後に、眉間に意識を置きながら、「新しい次元、新しい自分で目を醒ます」と心の中で意図しながら、ゆっくり目を開けましょう。

◇◇◇◇◇◇◇◇◇◇◇◇◇◇◇◇◇◇

情報を利用した支配的な策略に対応するための変化

ネガティブな感情は、分離から生み出された地球の周波数であり、それをたくさんの人が使い続けている限り、摩擦のエネルギーによって、闘いや争いは終わることがありません。そして、残念ながら、メディアを通して流れてくる情報の多くは、恐怖や不安を煽り、人々を一つの方向へと誘導し、本来の方向性とは真逆の方向へと分断させてしまうことも少なくありません。これは、一つの情報操作と言えるでしょう。

僕は平成30（２０１８）年頃から、「情報戦争」が行われているという話を人々に伝えてきていますが、現在は、それが、さらに加速しています。支配者層はメディアを使って、人々をコントロールしようとしています。それは、国家間の争いだけではなく、身近にも某ウイルスに対するワクチンの投与をめぐって人々が言い争っていますが、これも、その一つです。

もちろん、真実を伝えるメディアも存在しますが、テレビで言っているからとか、どこそこ大学の偉い教授が言っていたからという理由だけで、メディアから流れてくる情報を鵜呑みにしないことです。どんな情報も、自分自身で感じ取り、調べるという姿勢が、これから、もっともっと大切になるのです。

なぜなら、現在メディアのコントロール下から抜け出している人は、非常に少なく、「情報戦争」は、これからもっと激化してくるからです。さまざまな媒体を通して情報が流れてきた時、僕たちのすることは、「この情報を聞いた時、自分はどう感じただろう?」「これは、自分にとってしっくりくるか?」これらの情報のソースはどこだろう? 可能な限り、自分自身で調べてみよう」という自己検閲と、それに伴う行動です。

今後、世界が変化するプロセスにおいて、不安や怖れを感じている人も多いでしょう。近い将来、経済問題や、それに伴う食料問題が連鎖反応的に発生することになりますが、それは、これまでのシステムが機能しなくなることで、新たなものが生まれるポジティブな変化なのだと知ってください。

新しい時代の流れにいち早く乗るためには、変化の予兆を感じとり、素早く意識を変えていく必要があります。とかく僕たちは、「安定を求める」生き物ですが、変化しないものなどないことは、皆さん、よく理解されていることと思います。嫌だと叫んでも、歳を取りますし、しがみついても、いつかは肉体を離れることになります。つまり、変化をどう捉え、如何《いか》に楽しむかが、常に求められていて、「変化は本質」なのです。つまり、「変化することこそ安定なり」という意識を持つことが、これからは特に大切になってくるわけです。それを本当の意味で理解できた時、僕たちは、どんな難局と思われるようなことも、優雅に易々と超えていくことができるようになるでしょう。

日本という国は、ある意味で「守られている」ため、たとえ海外で深刻な有事が発生したとしても、どこか「対岸の火事」のような意識でいる日本人は少なくありません。

世界は、今大きな混乱・混沌の最中にありますが、それは、僕たちの内側が大きく揺らいでいるからに他なりません。つまり、人類は進化のプロセスを辿る中、自身をアップグレードする必要があり、今まで溜め込んできた、あるいは知らずに使い続けてきたネガティブな感情や信念、そして観念を解放することが求められているのです。その時、これまでの基盤を揺るがし、「こうであるはず」「こうであるべき」という殻をガラガラと崩し、新たな基盤を再構築することが必要になりますが、そうした意識が反映した時、世界はどう映るでしょうか……。まさに、今のような状態は、僕たち一人ひとりの意識を反映し、結晶化しているわけです。だからこそ、各自が自分に向き合い、自分を整えること、バランスさせることが大切になってきます。

読者の皆さんは、すでに気づかれているとは思いますが、現在のロシア・ウクライナ間の戦争はメディアで伝えられていることがすべてではなく、背後ではさまざまな謀略が行われています。つまり、真実が覆《おお》い隠されてしまっているのです。コロナウイルス禍も同じく、政府が緊急事態やまん延防止対策を行う中、その裏で何かが行われているという事実に気づくことです。

真実を見抜く洞察力を持った人たちが多くなれば、世界を裏で動かそうとしている人々の活動を抑止する力になるでしょう。

目醒めを特別視せずに調和の世界を目指す

前にお話ししたように、読者の皆さんは、すでに覚醒へと向かっていますが、そのプロセスにおいて、陥りやすい罠を理解しておくことが本当に大切になります。なぜなら、方向性が違えば、「目醒めたふう」で終わってしまうからです。

つまり、目を醒ますこと自体は、本来の自分を憶い出すだけのことなので、ある意味シンプルなのですが、自我を超えて、真我《しんが》と呼ばれる本質に至るため、そのプロセスにおいて、欲望を満たしたいというエゴの声が大きくなり、そこに引っ張られてしまうリスクがあるのです。

なので、こうした部分に光を当て、クリアにすることで、本当の意味で目を醒ますことになるのです。

目を醒ますことも、眠り続けることも、ただの選択であり、どちらが優れていて、どちらが劣っているなどということもありません。もちろん、目醒めは特別なものでもありません。目を醒ましても、日常は続くのです。

僕が好きな禅の言葉に「悟りの前、木を切り水を運ぶ。悟った後《のち》、木を切り水を運ぶ」というものがあります。悟る前も、悟ったあとも「木を切り水を運ぶ」、変わらずに地に足をつけて生きなさい、という意味です。

もちろん、悟る前と悟ったあとは、自身の「在り方」がまったく違います。ネガティブな感情に振り回されることはなくなり、現実に対して、どう反応するか、どんな感情を感じるかを自分で決めることができるようになりますし、それに伴う行動は調和や喜びという望ましい結果を生み出すことになります。どんな時も、絶対的な安らぎや安心感の中にいて、深い豊かさや幸福感に満たされた状態でいられるようになるのです。それでは、支配のエネルギーから解放されるワークを、もう一つご紹介しましょう。

支配のエネルギーから解放されるためのワーク（キング・ソロモン）

これまでの、2万6千年間、人類は支配構造というマトリックスの中で生きてきました。そして、今という時代は、その支配体制から完全に抜け出し、真の自由を謳歌《おうか》できるサイクルを迎えています。その前の毒出し膿出しが、個人レベルでも世界レベルでも起きていて、世界は混沌とした状態に陥っているのです。

今までのシステムが崩壊し、新たに立て直される必要があるからです。何より、何世紀にも及ぶ支配体勢の影響で、人類の意識には、洗脳という深い闇が

キング・ソロモン

刻みつけられているのです。

そのエネルギーをクリアにするために、キング・ソロモンのサポートを受けてワークを行ってみましょう。

神話では、キング・ソロモンは英雄として描かれていますが、魔を払う非常に強いエネルギーも兼ね備えています。

①手のひらを上にして、軽く目を閉じ、軽くあごを引き、背筋を自然に伸ばします。意識を丹田に向け、深い呼吸をしながら、「キング・ソロモン、どうぞ私の元へ来てください」と呼びかけます。彼の姿がよくわからなければ、光の存在としてイメージし、それがキング・ソロモンであると知っていれば構いません。そして、あいさつします。

②あなたの前に立つキング・ソロモンの足元から、マゼンダピンクとゴールドが混ざり合った光り輝く磁場が広がりますので、深く呼吸して、足裏から体

全体に光を満たしてください。その後、息を吐きながら、光を足裏から放出すると、あなたに関わるネガティブなエネルギーが外れていきますので、直感的に、もう大丈夫と感じるまで続けましょう。

③あなたが過去に体験した（前世や過去世、パラレルワールドも含む）他人からの恨みや嫉妬のエネルギーが、ナイフや刀など凶器の形で体に突き刺さっている様子をイメージしてください。それらを外すことを意図しながら深呼吸を続けていると、内側から押し出されるように外れ始めるので、つかみ取るように引き抜き、磁場に捨てましょう。深く刺さって抜けない凶器は、キング・ソロモンに依頼すると、代わりに抜いてくれます。これらは、「私は支配的な影響から完全に抜け出す」という明確な意思の表れです。

④すべての凶器を引き抜くと、あなたの周囲を真っ黒い煙やモヤが取り巻いている様子が視えてきます。これは支配のエネルギーのシンボルです。すると、

あなたのかたわらでキング・ソロモンが呪文を唱え、右手中指にはめている、光り輝く「ソロモンの指輪」をかざして、すべてのエネルギーを吸い取ってくれます。指輪の内側は異次元につながっており、吸い込まれた支配のエネルギーが、そこへと送り込まれるのです。

⑤煙やモヤ（ネガティブなエネルギー）が晴れた様子を確認してください。まだ周辺に漂っている場合は、一度大きく息を吸ってフーッと息を吐き、最後に勢いよく吐き切ると、はじけ飛びますので、最後に、一つ深呼吸……。

⑥次にキング・ソロモンの丹田の辺りに意識を向けると、オレンジが混ざった金色に輝く直径8センチほどの光の球体が視えてきます。それは、行動力や生命力の象徴です。彼は、その光の球体を丹田からスッと取り出すと、頭にかぶる王冠に近づけ、中央部に燦然《さんぜん》と輝くルビーのような宝石から放たれる魔を払うエネルギーを、その中に満たしたあと、あなたに渡してくれますの

で、感謝して受け取ってください。

⑦それを、息を吸いながら、スッと丹田に吸収しましょう。そうしたら両手を重ねて丹田の上に置き、そのエネルギーを感じながら深呼吸を続けてください。そうしているうちに、シャボン玉が消える時のように、輪郭が薄くなっていき、しまいにパチンッと弾けます。すると、中からオレンジゴールドと、宝石質のクリアな赤が混ざり合った光が溢れ出しますので、呼吸と意図を通して、脳に、その後、頭の先から足の先まで、そして、体の周りを取り巻くオーラの隅々まで、その光が満ちていくのをイメージします。

⑧最後に、キング・ソロモンに感謝し、ゆっくりと目を開けましょう。そして、グーッと伸びをして、拳でトントンと軽く腕や足を叩き、体を意識することでグラウンディングします。

パート6

新しい時代に対応するために神のサポートを受け取る方法

新時代は神と対等な関係になる

新しい地球へとシフトするべく、世の中がとてつもないスピードで動いている現在、それに感応するように天地開闢《てんちかいびゃく》の際に活躍された神々がその力を活性化しています。

『古事記』には、天地開闢の際に「五柱《いつはしら》」と呼ばれる5体の神々が出現したと記されていますが、そのうち最後に出現したのが天之常立神《あめのとこたちのかみ》とされています。そのあと、神代七代《かみよななよ》と呼ばれる7体の神々が誕生しましたが、その際、最初に誕生したのは国之常立神《くにのとこたちのかみ》です。

国之常立神は「国底立神《くにのそこたちのかみ》」、あるいは「国底立尊《くにのそこたちのみこと》」という別名を持ち、それぞれ異なる役割を持ちます。国之常立神の「常立」とは、「(日本の)国土が永久に立ち続ける」という意味ですが、国底立神の「底立」とは「土台、土地」を表しています。つまり、土台が万全でないと国土が永久に立ち続けることは難しいという意味です。

つまり、僕たちが新しい地球へ進化・向上するためには、古い時代の土台を打ち壊して、新しい土台を築く必要があります。それが成功して、初めて国之常立神は新しい日本を築くのです。

そして、天之常立神のような神々は、新しい世界の礎《いしずえ》のような存在となりますので、彼らと共同創造することが大切になるでしょう。

天之常立神は、国之常立神と対の存在であり、国之常立神が陰の性質を持つのに対して陽の性質を持っています。天之常立神も「天之底立神《あめのそこたちのかみ》」という別名があり、異なる役割を持ちます。国之常立神と天之常立神は、各々が違う働きをしながら共同して一つの物事を成り立たせています。

ワークによって二柱の神のエネルギーを統合すると、僕たちは「彼らの道具となる」のです。道具といっても、利用されるという意味ではなく、「Ｗｉｎ‐Ｗｉｎの関係性」、つまり、すべてのためになる事柄において、神に奉仕することで、自分も恩恵を受けるという意味です。

何かを与えるためには、自分も満たされている必要があります。満たされることなく与え続けていたら、結果、枯渇することとなり、長続きすることはありません。

なので、もし何らかの形で与えられる機会があったら、「ありがとう」と感謝の気持ちで、遠慮なく受け取ってください。スピリチュアルな学びをしている方の中には、この受け取るということに抵抗を感じる方も多いのですが、この宇宙には「与えたものを受け取る」という法則があります。つまり、あなたが、かつて与えたものがあるので、それを、何かの形で、今受け取っているのです。だから、受け取ることに、もっとオープンでいましょう。相手にも、与えるという尊い行為を、しっかりさせてあげることで、相手もまた、その循環によって受け取ることができるのですから。

現在、僕たちは「大激動の時代」を迎えていて、それは昨年、2022年から始まっていて、2025年まで続きます。それは、古い地球で構築された、もうこのままでは立ち行かなくなってきた、既存のシステムが崩壊し、新たなシステムとして再構築されるプロセスであり、政治・経済・医療など、あらゆる範囲に及びます。

世の中の状況を、少しでも見聞きしていれば、「今までとは違う何かが起きていて、一人ひとりが変化していかなければならない時を迎えていることは、理解されていることと思います。人類は、次のステージに向かう時を迎えているのだということです。

そうした流れの中、神を崇め奉るという在り方は、古い地球の意識であると、心得てください。神も僕たち人間も、それだけでなくすべてのものも、元を辿れば、「一つなる意識＝源」の意識の現れであり、優劣も一切ない、同等な存在なのですから、お互い敬意や感謝を持ちながら、対等な関係性を構築していくことが、これからの新しい地球において、とても大切な在り方の一つになると言えるでしょう。

それには、僕たちの意識の深い領域に刻み込まれている古い観念や概念を一掃する必要があります。そこで、この章では、神のサポートを受けて新しい時代にシフトするためのワークを紹介したいと思います。

古い地球から脱却するワーク（国之常立神（国底立神））

①手のひらを上にして、太ももの上に置き、目を閉じ、軽くあごを引き、背筋を自然に伸ばしてください。そして、意識をみぞおちに置きながら、深呼吸をくり返しましょう。国底立神は「古い時代の土台を完全に崩し、新しい土台を立ち表していく」力を持っているため、「私は新しい地球に向かう」と、明確に意図してください。

②そして、足元を見ると、黒く錆びついた地球が見えます。これは古い地球の姿を表していて、あなたの足裏が吸盤のように貼り付いているのをイメージしましょう。次に「国底立神、どうぞ私の元へ来てください」と心の中で呼びかけます（国底立神の姿は、どのようにイメージしても構いません）。目

国之常立神

の前に降り立った国底立神は、「無から有を生み出すエネルギー」である、稲妻のようなエネルギーを携えています。

③では、古い地球を見下ろし、「古い地球の在り方を完全に終わりにする」ことに覚悟が決まったら、それを明確に意図し、国底立神に「お願いします」と伝えましょう。すると、国底立神が両手を古い地球の方に向け、その手のひらから稲妻のような光を発し、古い地球を貫きます。

④稲妻が貫く地球に向かって「古い地球への執着を、今この瞬間、完全に手放す」と意図しながら、一度大きく手を叩くと、稲妻のエネルギーが膨れ上がって爆発し、古い地球が砕け散ります。すると、あなたは、宇宙空間に漂っている状態になりますので、リラックスしながら深い呼吸を続けましょう。

⑤静寂の空間の中で漂っていると、天之底立神《あめのそこたちのかみ》と、その違った側面である天之常立神が姿を現します。そして、天之常立神があなたの前に立ち、彼が見守る中、天之底立神が新たな土台（地球）を、あなたの足元に顕在化させます。その際、彼が黄金に光り輝く一粒の種を渡してくれますので、それを感謝して受け取り、飲み込みましょう。それがスッと、丹田（下腹）の辺りまで降りて来ると、黄金の種が光になって下腹部に広がり、そのまま両足に流れ込んで、足裏から光の根となって伸びていきます。それが新たな地球の内側にも外側にも、くまなく広がりながら、黄金の地球に変化していくのをイメージしてください。

⑥その新しい地球の上に立ちながら、国底立神にも、感謝の気持ちを伝えましょう。すると、彼が別の側面である国之常立神の姿に変化します。そして、黄金に光り輝く彼の左手をあなたの頭の上に置くと、勢いよく光が溢れ出し、あなたの体を貫いて黄金の地球に流れ込みます。光が地球の中心に到達する

と、そこから放射状に広がり、地球の隅々まで黄金の光が満たしていきます。

この時、国之常立神から発信された新しい地球に関する情報やエネルギーがあなたに対しても流れ込んでいます。自身と新しい地球が活性化したことを感じたら、国之常立神（国底立神）、さらに天之常立神（天之底立神）に感謝の気持ちを伝えたら、ゆっくりと目を開けましょう。最後に、グーッと背を伸ばし、拳で軽くトントンと、腕や足を叩き、体を意識することでグラウンディングしてください。


こうしたワークを通して高次の存在と共同することで、その高い周波数に共鳴し、さらに波動を上げることができるのです。つまり、僕たちは元々、高い波動の存在だったので、そうした波動に懐かしさを感じ、共鳴して上がっていく習性があるんですね。

それに伴い、意識が変化することで、新たな気づきや認識が加わり、現実も変わることになります。言い換えると、波動の変化に応じたパラレルワールドへシフトすることになるのです。

波動を上げるために、一生懸命さや努力は必要ありません。ただ、「こひしたふわよ」に従って出て来るもの（周波数＝感情）を手放すだけです。「こ（心地良い）・ひ（惹かれる）・し（しっくりくる、スッキリする）・た（楽しい）・ふ（腑に落ちる）・わ（ワクワクする）・よ（喜びを感じる）」という感覚は、僕たちの本質（ハイヤーセルフ）の周波数そのものですから、これに従った選択と行動は、直接本質につながることになります。

たとえば、あなたが女優になりたいとします。その時、「今さら、やったって……」「もうこんな年齢だし……」などが出てきたら手放します。実際にオーディションを受けて、落ちてしまったり、門前払いをくらうようなことがあると「自分なんてどうせ……」「恥ずかしくて、どうしたら良いかわからない」などが上がってきたら、それを手放すのです。すると、その眠りの重たい周波数が外れることで、あなたの波動は、ドンッと、それが大きいものであればあるほど、上がることになります。なので、どんどん、「こひしたふわよ」を感じることにチャレンジし、その過程で捉えた周波数を外していきましょう。それによって、あなたは、何段階も統合の扉を開き、目を醒まし続けていくことになるのです。そうやって、本来の自分につながっていくからこそ、「なりたいものには何にでもなれる。やりたいことは、何でもやれる。行きたいところへは、どこへでも行ける」という、本質の力を取り戻すことができることを知ってください。

だからこそ、これからは、今まで体験したことのない、「想像を超えた人生の高みへと飛翔する」ことができるようになるのです。あなたが本当の意味で責任と力を取り戻し、「最高の人生のストーリーを生きる」フェーズへと入っていくことで、あなたは、自分バージョンの天国を、この地上に創り出すことになります。それができた時に、あなたは地球を卒業し、輪廻を終えて転生の流れへと入る……。つまり、「解脱《げだつ》」するのです。

さて、先ほど紹介したワークによって新たな土台を作り、新しい時代のエネルギーを活性化させて、新生地球に同調する準備を整えましたので、次は天之常立神と国之常立神の陰陽のエネルギーを活用して「最高の人生のストーリー」が展開するパラレルワールドと、今のあなたをつなぐワークを行っていきましょう。

「現人神」として臨在するためのワーク（天之常立神・国之常立神）

①手のひらを上にして、目を閉じ、軽くあごを引き、背筋を自然に伸ばします。そして、ビジョンを司る眉間に意識を向けて、深い呼吸を続けてください。

②リラックスしたら、「私は、生まれて来る前に決めてきた、最高の人生のストーリーにつながる」と意図しましょう。すると、あなたの周囲を取りまくように無数のパラレルワールドが光の球体となって現れます。

天之常立神

③その中でも、もっとも惹かれる光に意識を向けると、他の球体が次々と消滅し、一つだけ残った球体が、上空にスーッと上がって行って、まるで太陽のように、あなたの頭上で燦然《さんぜん》と輝き始めます。この光こそが、あなたにとっての「最高の人生のパラレル」です。

④最高のパラレルに焦点が合ったら、心の中で「天之常立神、どうぞ私の元へ来てください」と、呼びかけてください。すると、大きな光の存在として彼が現れ、あなたの最高のパラレルを両手で挟んでいる様子をイメージしましょう。

⑤そして、天之常立神の両手から、エレクトリック・ブルーに光り輝くエネルギーが溢れ出し、あなたのパラレルに、どんどん注ぎ込まれているのを視てください。あなたのパラレルがエレクトリック・ブルーのエネルギーで満た

されると、その世界から、勢いよく青白い光の柱がズドンと、まるで稲妻のようにあなたに向かって降りて来て、完全に包み込まれます。これは、最高のパラレルとあなたをつなぐ、パワフルな媒体になります。

この光の柱に包まれた状態で、次のワークに移りましょう。

まずは、上空を漂っていた天之常立神が、あなたの前に降り立つのを視てください。その際、国之常立神も同時に降り立ちます。

それでは、天之常立神の陽のエネルギーと国之常立神の陰のエネルギーを統合して取り入れ、僕たちの本質である、「神性＝神なる性質」を表現することをスタートさせましょう。

①あなたの前方、左側に国之常立神、右側に天之常立神が立ち、お互いに向かい合って両手を重ねているのを視てください。二柱の神は何かを詠唱（チャ

ンティング）していますが、言葉を理解することはできません。その様子を見守っていると、国之常立神は、エメラルドグリーン、茶色、そして紫のグラデーションのオーラ、天之常立神は、水色、アイスブルー、ホワイトゴールド、そして紫のグラデーションのオーラを放ち始めます。

②二柱の神の、向かい合わせた手のひらから、強い光が溢れ出すのを見てください。これは陰と陽の性質のエネルギーが統合されたものであり、「ニュートラルなエネルギー」そのものです。エネルギーが強く放射されるにつれて、二柱の神の手のひらが反発するように離れていきます。互いの手のひらが40～50センチほど離れると、その間にホワイトやアイスブルーの美しい光の球体が現れます。これは、二柱の神のエネルギーが統合されて生み出された、完全な統合体なのです。

③国之常立神が、そのエネルギーを持って目の前に立ちますので、感謝して受

け取ってください。次に、その直径40センチほどのエネルギーを、息を吸いながらお腹に吸い込みましょう。そして、どちらの手のひらを下にしても構いませんので、両手を重ねてお腹の上に置き、深呼吸をしながら、お腹の中で息づくエネルギーの脈動を感じてみてください。

④そうしていると、光の球体の輪郭が、まるでシャボン玉が消えていく時のように、薄く薄くなっていき、終いにはパチンと弾けて消えます。そのあと、中から光の粒子が溢れ出しますので、それをイメージの力を使って、まずは、脳、そして体全体、最後に体の外に広がり出し、オーラの隅々まで光がパンパンに満たされるのを視てください。

⑤こうして、光に包まれた状態で深呼吸を続けていると、あなたの足元から、光になって溶け出します。この体は「古い地球の自分」ですので、溶けていくままに任せましょう。

⑥体が完全に溶けて意識だけの存在になったあなたに対して、「では、もう一度さっきの地球を意識してごらん。そして、あなたの新しい体が創られる様を、心の目で観察していなさい」と、国底立神が伝えてきます。そこで、黄金の地球に意識を向けると、足元から土の中の種が黄金の芽を芽吹かせ、あなたの肉体の背丈ほどの大きさまで急速に成長し、みるみる黄金の卵の形に変化します。その卵から、今まさに、新しいあなたの体が生まれようとしていますので、ワクワクしながら見守っていましょう。

⑦すると次の瞬間、あなたの意識が黄金の卵の中に存在していることに気づきます。そして、新たな体が存在していることがわかります。そのことを十分意識できたら、光の卵を内側から手刀で叩いてみましょう。卵に亀裂が入り、パカーンと二つに割れて、そこから黄金の光が外に放たれる様子をイメージしてください。光は、どこまでも広がりますので、宇宙の隅々まで、あなた

の光を照らしてください。そして宇宙をあまねく照らす存在としてのあなたの光の体を、しっかり意識しましょう。この光こそ宇宙の本質であり、あなたの本質なのです。

⑧最後に、天之常立神（天之底立神）、および国之常立神（国底立神）に、してくれたことすべてのことへの感謝を伝え、「私は現人神《あらひとがみ》としてこの地球に臨在する」と、心の中で意図します。そのあと、ゆっくりと目を開けましょう。そして、グーッと伸びをして、拳でトントンと軽く腕や足を叩き、体を意識することでグラウンディングしてください。

なかなか落ち着けないなど感情が乱れている時や、怒りで我を失っている時は、国之常立神と天之常立神が生み出すニュートラルなエネルギーの光に包まれてみましょう。その中で深呼吸をしていると、あなたの意識はニュートラルな状態へとシフトし、素早く穏やかさを取り戻すことができるのです。

また彼らのサポートを受けることで、もしあなたの人生が本来の魂の道から外れてしまっていたとしても、速やかに軌道修正され、再スタートを切ることができるでしょう。それは、あなたの最高の人生のストーリーを生きることにつながるのです。

過去は現存する

一般的な解釈として、過去とは、「すでに終わったこと」を指しますが、パラレルの世界では、過去の出来事が、いまだに展開中なのです。

たとえば、誰かと喧嘩《けんか》して、謝罪できなかったことに対して後悔の念を抱いていたとします。それが数十年前の出来事で、相手はすでに亡くなっていたとしても、「謝れなかった世界」は存在しており、今に影響を与え続けているのです。

過去を清算すると、今の自分の意識が変わります。そして、意識が変わると過去も変化するのです。「過去は変わらない」と言われますが、「過去も変わる」というのが真実です。

過去を清算することで、今が変化することになります。

たとえば罪悪感を抱きながら生き続けていれば、どうしても自分が幸せになる許可を与えることができず、自ら望まない人生の流れを選択してしまう結果になりがちです。でも、意識を変えることで過去の影響から解放されると、自己肯定感が増し、自由に望ましい現実を選ぶこともできるようになるのです。

それには、ネガティブな影響を受けている過去を清算するためのワークが役に立つのです。

まず、ワークを理解するために、時間の概念について説明したいと思います。

僕たちは、この物理次元を体験するにあたって、プロセスを楽しみたかったため、「過去」「現在」「未来」という「時間軸」の概念を生み出しました。

でも、本来「時間」というものは存在しません。僕たちには「マスターソウル」（オーバーソウル）という、魂の親とも呼べる意識が存在し、そこから分離してたくさんの人間が存在するという形ができあがりました。

そのオーバーソウルの視点につながると、過去、現在、未来という既存の時間軸を使うことが不可能になります。なぜなら、オーバーソウルには時間の概念がないからです。

つまり、僕たちが時間と認識しているものは、「幻想（イリュージョン）」であり、毎瞬毎瞬はつながっておらず、独立して存在しているのです。それはまるで、映画のフィルムのようであり、一コマ一コマ独立したシーンを、一気に回すことで、まるで「連続してつながっているように見える」のが、僕たちが認識している「時間の流れ」であるというわけです。僕たちは意識を深く眠らせる中、本当は知っていたこの事実を忘れ、「時間という概念で遊ぶことに、皆で同意した」んですね。なぜかって？　何かことを成し遂げる際に、「プロセス」というものを体験し、それを通じて、達成感を感じたかったというのも、その一つです。なので、「過去」「現在」「未来」も存在せず、「すべての瞬間が、今この瞬間に同時に存在している」のです。これは、僕たちが過去世や未来世と呼ぶものも、今世の「今この瞬間に同時進行している」ことを意味しています。

さて、僕たちの今の意識では通常、一つの生、つまり「今世」しか認識することができませんが、オーバーソウルは多次元にまたがって存在していますので、あらゆるフィルム（人生）を同時に観ることが可能です。つまり、僕たちは一度に一つのフィルムしか集中できないので、たとえばあなたが②のフィルムを見ている時は、①のフィルムを過去、③のフィルムを未来と表現するわけです。

人生のフィルムが①から②に移行した際、①の出来事は終了したという認識になりますが、実際には引き続き上映されているのです。そして、特筆すべきは、先ほどもお話ししたように、すべてのコマが独立して存在しているため「つながっていない」ということです。にもかかわらず、僕たちは、「毎瞬つながっていると思い込んでいる」ため、次の瞬間も次の瞬間も、同じような状況を、「無意識レベル」で選択してしまうので、人生に大きな変化を起こせないでいるんですね。ということは、本当につながっていないことを理解すれば、今どんな状況であったとしても、次の瞬間には、「これまでとはまったく別の状況を選ぶこともできる」ということです。つまり、過去を清算するというのは、その後の選択の幅を大きく広げ、「これをしてしまったから、このようにしかならない……」という思い込みからくる限定的な結果から抜け出すことを可能にするのです。

菊理媛《くくりひめ》との共同で、今もなお存在し続ける過去を清算し、望む新たな状況を選択し直していきましょう。

過去を清算するためのワーク（菊理媛）

①静かに座り、軽く目を閉じ、軽くあごを引き、背筋は自然に伸ばします。手のひらは上にして膝の上に静かに置いてください。意識は眉間に置きながら、深呼吸をくり返し、リラックスします。そうしたら「私はこれから、私のすべてのネガティブな過去を清算する」と意図してください。

菊理媛

②次に、心の中で「菊理媛、どうぞ私の元へ来てください」と呼びかけます。すると、美しく光り輝く菊理媛が目の前に現れます。菊理媛は、さまざまな色がまざりあった磁場を足元に作り出し、それは地平線のかなたにまで広がっていきます。

③どこまでも広がる、その色とりどりの磁場を眺めていると、菊理媛があなたの後方を指差し、「後ろを見なさい」という合図を送ってきます。後ろを向くと、真っ黒い球体に入った清算すべきネガティブな過去と金色に光り輝く球体に入ったポジティブな過去が、幾つも混在して浮いています。過去を表す球体は磁場の上を弾むように動いていますので、真っ黒い球体のみを選んで回収してください。重ねてしまえば幾つでも持つことができますので、一つ残らず集めたら、それを菊理媛の前に降ろしましょう。そして、彼女がその真っ黒い球体に両手を当てるのを視てください。

④次に、あなたも両手で球体に触れながら、謝罪する必要があると感じる人たちやわだかまりが残っている人たちを思い描いてください。コツとしては、この球体の中に、許せなかった時のことや、後悔している事柄を視るような感じです。

⑤最後に、「私が忘れてしまっていたとしても、これからの人生の発展性を阻害する可能性のある、過去のシーンのすべてを映し出す」と意図し、深呼吸を続けてください。そして直感的に十分だと感じたら、その手を離しましょう。すると菊理媛が近寄り、直径三、四センチほどの太さの赤いロープを手渡してくれますので、それを感謝して受け取り、真っ黒い球体の中央部にロープをぐるっと一周させながら巻きつけます。そして、「ネガティブな過去のすべてを清算する」と明確に意図し、ロープの端と端を結びましょう。

⑥ロープを結び、３メートルほど後ろに下がって、菊理媛と肩を並べて眺めていると、彼女が今度は、黄金に輝く弓と真紅の矢を渡してくれますので、「ネガティブな過去のすべてを清算する」と、もう一度意図して、球体にめがけて矢を放ってください。矢がしっかりと刺さった瞬間、球体がパーンと弾け、それと同時に弓と矢は消滅します。

⑦そして、弾けた球体からは、ホワイトゴールドの光の粒子が溢れ出し、ちょうどあなたが入れるくらいの大きさの光の球体ができあがるのを見てください。そうしたら、菊理媛と厳《おごそ》かに近づき、あなただけが、その光の中に入りましょう。

⑧ホワイトゴールドの光に包まれながら、深い呼吸を通して、光の粒子が全身に行き渡る様子をイメージしてください。取り入れたその光は、細胞の一つひとつに満たされ、刻み込まれていたネガティブなエネルギーをすべて浄化

してくれます。しばらくホワイトゴールドを呼吸し続けてください。

⑨リラックスしたところで、光の球体の中からは外を視ることができるのですが、菊理媛が光の側面に両手を当てているのが視えます。彼女が目を閉じ、言霊のようなものを発すると、菊理媛の美しい玉虫色のオーラがさらに輝きを増し、その光があなたのいる空間に流れ込んで来ます。このオーラには、今の自分に影響している過去を、すべて清算する力が宿っているのです。

⑩すべての浄化が終わると、菊理媛が球体から手を放し、それを指先でツンと突く仕草をします。すると、シャボン玉のように弾けて、色とりどりの光の粒子に変化するので、深呼吸をしながら、その光を体全体に満たしましょう。「私は過去を清算し、ネガティブなエネルギーから完全に解放された」と、しっかり意図したら、菊理媛に感謝の気持ちを伝え、ゆっくり目を開けましょう。そして、グーッと背を伸ばし、拳で軽くトントンと、腕や足を叩

き、体を意識することでグラウンディングしてください。

僕たちは無意識のうちに過去から影響を受けることで、自らの可能性を狭め、結果、望む変化を果たせないでいるのです。

新人類・銀河人類になるためには、過去を清算することが不可欠であると言えるでしょう。

アクティブな変化のエネルギーをダウンロードするワーク（不動明王）

アクティブな変化を促す強力なサポーターとして挙げられるのは不動明王《ふどうみょうおう》です。彼のエネルギーをダウンロードすることで、より情熱を持って行動するこ

不動明王

とができるでしょう。それでは、ワークを紹介します。

①まず、ゆったりと腰かけ、手のひらを上にして膝か太ももの上に置きます。軽く目を閉じ、軽くあごを引き、背筋は自然に伸ばします。この時、肩に力が入っていたら、わざとグーッと上に上げ、ストンと下ろし、肩と肘の力を抜いておきましょう。

②次に、「不動明王、どうぞ私の元に来てください」と、声に出すか、心の中で呼びかけます。ただ、ここで忘れてはならないのは、どのワークにも共通することですが、便宜上、不動明王に「来てもらう」という意味の言葉を使っていますが、この場合の不動明王とは、あなたとは別の存在ではなく、あなた自身に存在する大いなる意識の一部です。なので、正確にはあなたの意識の一部である不動明王の部分を活性化するという意味なのです。それを

踏まえて、あなたの知っている不動明王の姿を思い描いてください。彼の姿が形どられた仏像や仏教画を見たことがあるなら、それをそのまま想像していただいて構いません。燃え盛る炎を後ろに背負い、どっしりと構えている、凛々しい顔をした不動明王があなたの前に立っている光景をイメージします。

なぜ、不動明王が変化のエネルギーの象徴なのかと疑問に思う人もいるかもしれません。さらに不動明王は、「不動」という名前から、何事にも動じない胆力の象徴と見なされています。しかし、一般的には語られない話かもしれませんが、不動明王は、非常に活発に働く存在です。最高位の仏とされる大日如来《だいにちにょらい》の化身が不動明王であるとされていますが、大日如来はあまりにも波動が高いため、宇宙の知恵や叡智を説いても、波動レベルの違いから、僕たち人間には理解できない可能性があります。これは優劣ではなく、単に違いです。大学生が理解できる話を、幼稚園児に話しても、一般には理解できないでしょう。それと同じだと思ってください。つまり、大日如来から直接指導やエネルギーを授かっても、どうしても理解できないことがある中、不動明王は、僕たちが理解できるよう波動レベルを合わせて現れた、大日如来の化身なのです。

さて、不動明王の後ろでめらめらと燃える炎を「カルラ炎」といいますが、カルラ炎の中には、速やかに行動するためのマグマのような情熱のエネルギーが満ちています。カルラ炎のエネルギーを、変化を促すエネルギーとしてダウンロードすると、僕たちの行動力に一気に火が付くことになります。

③目の前に立つ不動明王の上に向けて構えている、手のひらに意識を向けてください。そこには、桃のような形をしたクリスタルが乗っています。このクリスタルは、カルラ炎のエネルギーを凝縮した、パワフルな行動力の象徴です。

④では不動明王が桃形のクリスタルを授けてくれるので、「ありがとうございます」と感謝を伝え、両手で受け取ってください。それを、お腹の辺りに持っていき、息を吸いながら、スッと奥に吸い込みます。そうしたら、両手

を重ねてお腹の上に置き、その中で輝くクリスタルを感じながら、深い呼吸をくり返しましょう。

⑤クリスタルの中で、赤々と燃える炎に意識を向け、「このエネルギーは、私のあらゆる領域を変化させるエネルギーに成り代わる」と、心の中で意図したら、一度深呼吸……。

⑥そして、右左どちらかの手の指先で、お腹の辺りをトントンと軽く7回叩くと、クリスタルが弾けて、炎のエネルギーが赤、オレンジ、黄色そしてゴールドが絶妙に調和した色味の光の粒子に変化します。あとは、呼吸と意図を通して、そのエネルギーを全身に満たしてください。まずは、脳にたっぷりと満たしてあげてください。次に頭の先から、両肩、両腕、両手の先、そして、体を通って両足、両足の先まで……。体全体が満たされると、光は外に広がりオーラの隅々まで、しっかり満たしましょう。本当の意味で変化する

ためには、「脳」「オーラ」に変化を促す光を満たすことが鍵になるのです。

⑦体の内も外も光で満たされたら、あなたが人生の中で変化させたいと思うところをイメージしましょう。仕事を変えたい人は、すでに新しい職場で働いているところを、人間関係を変えたい人は、自分にとってネガティブな関係性をすべて手放して、理想の人間関係を築いているところを、真の健康力を獲得したいという人は、自分に合う運動が見つかった結果、体の調子がすこぶる良くなり、食事や仕事、そして遊びといった生活のすべてを楽しんでいるところを思い描くのです。

⑧そうしたら、再度、自分の中に満ちているアクティブなエネルギーを感じ、お腹に意識を向けながら、「それは、最善・最高の形を通して、そうなりました」と心の中で、あるいは声に出して宣言し、一つ深い呼吸をしましょう。最後に、不動明王にしてくれたことのすべてを感謝して、ゆっくり目を開け

てください。そして、グーッと伸びをして、拳で軽くトントンと、腕や足を叩き、体を意識することでグラウンディングします。

変化に対する抵抗を手放し、行動力をダウンロードすることで、あなたの行動力は確実に増していくでしょう。「鉄は熱いうちに打て」という言葉があるように、インスピレーションや新しい情報、そしてアイディアを受け取ったら、3日以内に動きましょうという話を、よくするのですが、人生に変化を起こせる人の特徴として、「感じたことを、すぐに行動に移す」というのがありますので、少なくとも、72時間以内に、小さな一歩でも構わないので、行動してみてください。

体の中の数字を本質の状態にもどすためのワーク（マーリン）

『アーサー王伝説』に登場する魔術師・マーリンは非常に賢い人物で、宇宙の理《ことわり》を数字で表すこともできます。

たとえば「ハイヤーセルフ」と呼ばれる僕たちの本質は、数字にたとえると、たとえば「1、2、3、4、5……」といったように整然と並んでいる状態ですが、僕たちの場合は、「1、3、5、7、9……」と、カオスの状態です。簡単に言うと、そうしたことが、僕たちが本質を理解できない理由なわけです。

僕たちは今、目を醒まし、新しい地球へ向けてシフトしている最中ですが、数字は完全に整列されていない状態です。目醒めて、本質に深くつながればつながるほど、元々の数字の並びに整合されていくのです。

マーリンによると、数字の配列の違いによって個性が生まれるそうですが、

マーリン

大元である本質の配列は決まっています。それでは、マーリンのエネルギーを使って、自分にとって最善の配列に整えるワークを紹介しましょう。

①静かに座って、手を組みます。目を閉じ軽くあごを引き、背筋を自然に伸ばします。ハイハートチャクラ（胸腺）に意識を向けながら、深い呼吸をしてください。

②利き手ではない方の手をハイハートチャクラの辺りに当てて、「私は自分の数字の配列を、本質の配列に一致させる」と意図したら、数回深呼吸をします。

③そうしたら、元の姿勢に戻り、「マーリン、どうぞ私の元へ来てください」と心の中で呼びかけましょう。威厳あるマーリンが現れ、彼の足元から、ラ

ピスラズリのようなインディゴブルーの光の磁場が溢れ出し、一面に広がります。

④では、あなたの内側にたくさんの数字が浮かんでいるのを視てください。数字はバラバラに浮遊している状態なので、マーリンに調整を依頼しましょう。すると、マーリンは長いロッド（杖）の先端部を、あなたの頭頂部にスッと置きます。そこから、あなたの数字を調和させるエネルギーが流れ込み、一斉に整っていくのを感じながら深呼吸を続けてください。あなたにとって最善の数字の並びに調和されると、エネルギーの流れは止まります。

⑤最後に、その数字の配列を定着させるために、マーリンは目を閉じ、呪文のようなものを唱え始めます。そうしていると、彼の体からラピスラズリとエメラルドのような色のオーラが広がり、ロッドを伝って、あなたの中に流れ込んで来ますので、リラックスして受け取りましょう。終了すると、マーリ

ンはロッドをあなたの頭頂部から離しますので、それを確認したら、一つ深呼吸をし、数字が定着したのを感じてください。

⑥それではマーリンに、してくれたことのすべてを感謝し、ゆっくりと目を開けます。そのままグーッと背伸びをし、拳で軽くトントンと腕や足を叩き、体を意識することでグラウンディングしておきましょう。

このワークをくり返すことで、自分の本質に対する理解が深まると同時にさらに数字が活性化し、あなた本来の、潜在している才能や能力が引き出されていくことになるのです。

自分の気持ちに対して素直になろう

これからは、神との対等な関係性の中で、新しい時代を思う存分楽しみましょう。

そして、あなたの魂の声に耳を傾け、「喜びを感じること」「楽しいこと」「ワクワクすること」「スッキリすること」「惹かれること」に行動を一致させ、逆に「しっくりこないこと」「居心地が悪いこと」「違和感を感じること」はやめることです。

多くの人が、「周囲に対してYES」と答えますが、目を醒ましていこうとしているあなたが、本当に意識する必要があるのは、「自分に対してYES」と言うことです。もし、誰かに食事に誘われたとして、眠っている時は、たとえ気が向かなくても、全然行きたいと思わなくても、その人が恩人や権力のある人だったりすると、「嫌われたくない」「摩擦を起こしたくない」と、本心に従うのではなく、周囲に従う結果になりがちです。でも、もし、あなたが本当の意味で目を醒ましたいなら、周りではなく、あなたに対してYESと言うのです。そうしない限り、いつもあなたは「本当の自分から離れてしまう」ことになり、いつまでも本質とのつながりが確立されることはないでしょう。

目醒めを選択したあなたは、自分が映し出す現実は、どの瞬間も「目を醒ますため」に映し出していることを知ってください。「どんな現実も、本来の自分につながる扉」になっていて、あなたが統合を通して、その扉を開け続ければ、どんどん、本当のあなたを理解することができるようになるのです。だから、たとえば、長年の友人に食事に誘われた時も、いつもの友人だからと、すぐに即答するのではなく、一呼吸置いて、ちゃんと自分の心に耳を傾けてみましょう。その時「気が乗らない」「しっくりこない」と感じたなら、「ごめん、今回は違うみたい。次は私が誘うね！」と、きちんとNOを言うことが大切なんですね。もし、それで気分を害し、関係がこじれるようなら、これから、あなたが一緒にいる相手ではないですし、そもそも友人でもなかったということです。宇宙はスペースを嫌うと言ったことがあると思いますが、その空いたスペースに、もっと良い人間関係なりが入って来ることになるのです。こうして、あなたの魂の声に耳を傾け続けていくことで、本来のパワフルな力を取り戻し、「ありのままの自分」を表現することができるようになります。つまり、「自分を偽っていたら、いつまでも目を醒ますことはできない」のです。

パート7

並木良和から読者に伝えたいメッセージ

「本当の自分」を生きている人は少ない

一つ質問させてください。皆さんは、自分が本当に生きたいように、ありのままの自分を生きていると自信を持って答えられますか？

「他人にどう思われているか」を気にしながら生きるのではなく、本音と建前を使い分けるのでもなく、素直な自分を表現し、誰の前でもオープンでリラックスしている状態だと断言できる人は少ないのではないでしょうか。

僕たちは、いつの間にか「社会から求められる在り方」を演じることに慣れてしまい、いつの間にか、その在り方こそが、本当の自分自身なのだと思い込んでしまっているのです。

たとえば、こういうことが起きたら、こういう反応をし、こんなことを言われたら、こんな感情を持ち、そんな意見を聞いたら、当たり前のようにそう思うなど、まるで、ただ条件反射のように「反応」している人が大勢いるということです。

親や学校の先生、また友達や先輩など、さまざまな人との関わりの中で学んだ

「正しい」、「普通」とされる反応や在り方を、何の疑いもなく自分の真実として受け入れてしまった経験が、大なり小なり誰にでもあると思います。

でも、こうして僕たちは、「他人の真実」を「自分の真実」であるかのように錯覚し、いつの間にか、「他人の人生を生きているが如く」になってしまっていることに気づかないのです。たとえば、親御さんが「早く結婚して、孫の顔を見せてほしい」と、顔を合わせるたびに言ってくるとします。一方、あなたは、結婚や子供を持つことに、まったく興味がなく、自由に自分の人生を謳歌したいと思っています。でも、何度も、その話を聞いているうちに、周りでも、どんどん結婚や出産の話が目立ってくる……。そうすると、「私がワガママなのかな……。両親も年老いていくし、かわいそう……」などと、「自分の真実」が揺らぎ始めます。そして、いつの間にか「やっぱり早く結婚して、子供を作った方が良いのだろうか……」と悩み始め、「私、結婚をして子供がほしい」と「他人の真実」とすり替わってしまうのです。

もちろん、自分と真剣に向き合った結果、本当の望みに気づいた、というのであれば構いませんが、あなたの願いだと思っているものが、実は「周りの願い」であったとしたら、それを叶えても、本当の幸せにつながることはないでしょう。あなたは、「あなたの人生を生きるために生まれて来た」のですし、「生まれて来る前に決めてきた、魂レベルの願いを実現するために、この地球にやって来た」のですから。

僕はずっと「自分軸に一致して生きる」ことが大切であると、多くの人に伝え続けてきましたが、最近は、SNSの普及によって日常的にたくさんの情報に触れる機会が増えたことで、自分の感覚を通して確かめることなく、「誰かの受け売り」に終始してしまっている人たちが、スピリチュアルな世界にも多くなっていると感じるんですね。

そして、自分とは異なる意見や考えを持つ人を批判したり馬鹿にしたりして、自分の劣等感や無価値感を満たそうとする動きが、特に目立ってきているように見受けられます。言い方を換えると、「自分は真実を知っているけど、それ以外の意見ややり方を唱えている人は無知で駄目な人間である」という風潮が生まれており、これは由々しきことです。

ひとたび「自分が正しい」と思い込んだら、たとえそれが無意識であったとしても、それ以外を排除する意識と動きになってしまいます。つまり、「相手がまちがっている」という考えこそが、自らの中に分離を生んでいることに気づかず、目醒めたふうで終わってしまうという残念な結果につながってしまうのです。

それだけではなく、相手の意見を認めない在り方が摩擦を生み、戦いとなり、最終的には戦争にまでなる可能性だってあるのです。

そろそろ、本当の意味で眠りのトリックに気づき、それを終わりにすることで目を醒ましていきましょう。あなたの今世生まれてきた目的が、「目を醒ます」ことであると感じるなら、今が「その時」です。それによって魂は解放され、真の自由へとシフトすることになるのです。

自分自身で責任を持って行動する

自分自身が自分の現実を創っていると言っていながら、何かトラブルがあった時には、自分は関係ない、相手が悪いんだと思ったり、言ったりしてしまうことはありませんか?

これは、相手が身近な人物であるほど、陥りやすいトリックで、感情という周波数を相手（外側の現実）にくっつけてしまう在り方です。

そして実際、「あなたが自分の現実を創って」います。どの瞬間も、どんな現実も、自分で創り出している事実は変わりません。もし目を醒ますことを決めたのであれば、自分の人生に本気で責任を取る姿勢が必要になります。

その際、言い訳や甘えは通用しません。なぜなら、僕たちは宇宙からテストを受けているようなものだからです。今の世の中の流れを鑑みれば、これまでの意識の在り方や行動の仕方を続けていれば、人類の未来は立ち行かなくなるのは、想像に難くないでしょう。

「いつまで被害者をやり続けますか?」

「いつまで、自分は神などではない、と偽り続けるのですか。ありのままの自分で姿を現し、真の幸せや豊かさを享受するつもりはありますか?」

「魂から望む、あなたがこの地球に生まれる前に決めてきた、最高の人生のストーリーを生きずに肉体を脱ぐことになっても、あなたは本当に後悔しませんか?」

と、宇宙は、さまざまな角度から僕たちに問いかけてくれています。

もし、右記の質問を受けて心が動いたら、それは魂からのサインです。自分と向き合うことで軌道修正し、「今、この瞬間」から、新たな一歩を踏み出してみてはいかがでしょうか。

それは、あなたの魂レベルの夢や希望を次々に叶えていくための、新たな道を開くきっかけになるでしょう。

あなたが創り出す、すべての現実を、分けることなく統合の扉として使い、本来の自分を憶い出していっていただけたらと思います。

そうして、あなたの中が真の調和で満たされると、映し出される現実も、今までとはまったく違うものになるのです。

「自分史上、最高の人生のストーリーを生きる」ことができるタイミングを迎えている今、未来の自分やハイヤーセルフから、大切なメッセージが届いています。メッセージは、さまざまな形を通してやって来ますが、一番多いのは「何となく気になる」もしくは「ピンとくる」感覚と言えるでしょう。

なので、そうした感覚を捉えたら、積極的にチャレンジすることで、新しい時代を上手に波乗りすることができるのです。

でも、多くの場合、その天啓ともいえる感覚を軽視してしまい、なかなか行動に移しません。それでは、せっかくのチャンスを無駄にしてしまうことにもなりかねません。

自分軸に立って、自分の責任で選択し、結果に執着することなく、無我夢中に楽しみながら行動する。こうした在り方が、あなたを最高レベルのパラレルワールドへと導くのです。

だからこそ、今後は「何となく気になること」を、積極的に行動に移してください。それを楽しんでいるうちに、あなたはいつの間にか、まったく新しい自分に生まれ変わっていることに気づくでしょう。

風の時代の波乗りアクション

「風の時代」というのは、「真実の時代」と、言い換えることができます。

嘘や偽り、そして曖昧さを良しとしていた時代から、本質を理解し、それをベースにして生きる。つまり、「本物になる」ということが、あらゆる面において求められる時代へと変化しつつあるのです。真実の時代へとシフトするプロセスにおいて、「これくらいの虚偽は許されるだろう」といった適当な在り方は淘汰されていくでしょう。

もちろん、いつまでも虚偽を良しとする在り方から抜けられない人もいるでしょうが、そのような在り方を選択する人は、ますます生き辛くなります。なぜなら、時代の流れには誰も逆らえないからです。

だからこそ、今の僕たちに求められているのは、「自分の真実を生きる」「ありのままの自分で存在する」ことに他なりません。「誰かの人生を生きる」のではなく、「自分を生きる」のです。

取り繕《つくろ》ったり、嘘をついて場当たり的に調和を保とうとするのではなく、正直に素直に自分を表現して、他人に対して申し訳ないと感じたら、「ごめんなさい」と言い、感謝の気持ちを感じたら、「ありがとう」と言う。そのような生き方が、自分を生きるための第一歩となるでしょう。

たとえば、嫉妬を理由に、相手に酷い言葉を言ってしまったと感じたら、「ごめん、さっきは嫉妬を感じて、つい、あんな言葉を言ってしまった……」とストレートな言葉を発すれば、どれだけ自分がクリアになれるか想像できますか？　素直になれば、真の調和に向けてエネルギーが流れ始めると理解できますか？

日々の生活の中で、誰かに対して、取り繕ったり、嘘をついたり、誤魔化したりしていないか、そして正直に自分を表現できているか、自分の内面をよく観察してみましょう。

これは聖人君子のように振る舞えという意味ではなく、自分軸に一致して、自分に対しても他人に対しても、とにかく、あらゆる物事に素直になりましょうという意味です。そうすれば、あなたに無上の喜びと自由がもたらされるのです。

自分の気持ちを正直に話すのは恥ずかしいと感じるあなたも、誰かに嫌われたくないと思うあなたも、「それが、今のあなた」に他ならないわけですから、それを隠したり、偽ったり、そうではない振りをする必要はなく、「これが今の私」と、良い意味で開き直れば、自分の中の燻《くすぶ》ったエネルギーが解放されて、「本来の自分」に、また一歩、深くつながる結果となり、「なりたい自分になれる」ことを知っておいてください。

誰かに良く見られようとしたり、ストレスを感じながら似非《えせ》の調和を保ち、偽りの自分を受け入れてもらおうとするのではなく、本当のあなたを生きることで、そのようなあなたが大好きと言ってくれる人が現れるでしょう。

そんな素晴らしい環境の中で、毎日を真の喜びと自由な意識で生きることができるのです。

あなたは幸せになるために生まれて来たのです。本当の自分を生き切りましょう！

令和4（2022）年は、「既存のシステムの崩壊に向けたエネルギー」が世界を駆け巡った年でした。それは、これから2025年まで加速していくことになりますが、決してネガティブな事柄ではありません。

これは、僕たちの意識の内側で「これまでの古い在り方を終わりにする」というフェーズが本格的に開始したという意味です。日本のみならず、世界各国で発生する、あらゆる領域における崩壊とは、同時に「新たなスタート」への準備でもあるわけです。

僕自身、エネルギーの流れを観察してきましたが、この期間に崩壊したものを、そのあとの2年をかけて、立て直す流れに入ります。そのプロセスにおいて、僕たちは、今までの「当たり前」という認識や「常識」と思っていた在り方を変えざるを得なくなります。

タイムラインを見ると、2022年から始まった「大激動の4年間」の間に、経済のクラッシュが段階的に発生し、最終的にはリセットされ、お金に対する価値感が大きく変わることになるでしょう。身近な例を挙げると、近い将来、ベーシックインカムのようなシステムが導入され、生活の基盤も変化します。

また、食料問題は日本でもクローズアップされるようになり、飢える人が続出するようなことはなくても、食材不足や物価高騰の煽《あお》りを受けて、今までと同じような食生活を行うのが、難しくなるかもしれません。

でもそれは、新人類（銀河人類）として進化しようとしている僕たちにとっては、まさに祝福ともいえる状況だと言えます。その変化のプロセスにおいて、意識を何段階もアップグレードさせることができるからです。

お金の価値が変われば、その使い方も、生活の手段も、さらには社会の仕組みまでもが変化するため、世界も大きく変化することになります。

食料問題を機に食生活全体が見直され、一日3食という常識のように捉えられていた食事の回数が減ったり、いわゆる「粗食」が見直され、比較的安価で栄養価が高い、少量で健康を保てるような食材が注目されることで、真に健康になる人たちが増えるかもしれません。そうすれば、食料問題が解決したあとも、人々の多くは飽食に戻ることなく、健康的な食生活を維持することになります。つまり、根本から食に対する意識が変化する結果となるわけです。

ぜひ機会を作って、今後「何をやめるか」「何を手放すか」「誰と距離を置くか」など、「新たな自分を生きるにあたって、手放すこと・物・人リスト」を作って、可能な範囲から実行してみましょう。

ただ、そうして整理するにあたって、最初のうちは不安や怖れ、さらには罪悪感さえ感じるかもしれません。でも、そんな時こそ、自分の好きな方法で、そのネガティブな感情を手放し、「その先」へ進んで行きましょう。出てくる感情を手放すたびに、自分のエネルギーが戻って来るのがわかり、可能性が視界に入って来るのがわかると思います。

あなたはネガティブな感情を手放すことによって、人生にさらなる豊かさや幸せを迎え入れるためのスペースを空けているのです。それを想像するとワクワクしませんか？

新しい地球を生きる人々に対するマスターからのメッセージ

この本の最後に、新人類（銀河人類）となる僕たちに対する、マスター・ヒラリオンと瀬織津姫からのメッセージをお伝えします。祝福であるのと同時に、とても大切なメッセージが込められているので、意識をオープンにして読んでいただけたらと思います。

マスター・ヒラリオンからのメッセージ
（マスター・ヒラリオン。癒し・ヒーリング・第五光線を司る中東のマスター）

今、世の中を騒がせているさまざまな出来事を、感情的なアタッチ（接続）なしに、客観的かつ冷静に観察できていますか？

日々、起きてくる事柄に対する反応を通して、あなた方が受け取れるのは、「あなたが、これまで自分を取り巻く世界や、自分自身をどのように捉えていたか」という洞察です。

「これはまちがっている」「それは正しい」という価値判断は、いまだに善悪を始めとした二元性にどっぷりと浸かっている何よりの証拠です。

この世界には両極が存在し、人類はこれまで、そのどちらを選択するかという、コントラスト（対比）を常に体験し続けてきました。このようなコントラストは、これから先も存在し続けますが、目を醒ましつつあるあなた方は、コントラストを使って、目醒めのプロセスを、さらに加速させることができるのです。

つまり、ニュースや情報を見聞きした時、あなたが一喜一憂するのは、意識が両極のどちらかに偏っている状態であることを意味しており、それを捉えたら、ただちに意識のニュートラルなポイントにフォーカスした上で感情的な執着を手放せば、真の意味でバランスが取れるというわけです。

このニュートラルなポイントから外れた時、あなたは、さまざまなトラブルと呼ばれる出来事に遭遇することになります。しかし、トラブルに直面することで、自分が本来の在り方から外れてしまっていることがわかるわけですから、その現実を使ってバランスを取ることで、あなたはスムーズな流れの本流に、ふたたび乗ることができるのです。

ただ、あなた方はこう思うでしょう。「それは口で言うほど簡単ではない」と。もちろん、そのような気持ちは、私たちもよく理解しているつもりです。そして、手放すことを阻むエネルギーは「執着」です。あなた方の意識を探っていけば、根底には、あらゆる執着があることがわかるでしょう。

ある事柄に恐怖を感じているとしたら、あなたはその事柄に執着しているという意味です。表層的には気にしないと言いつつも、その出来事や、それにまつわる記憶をつかんでいるからこそ、いつまでもとらわれて、恐怖を感じ続けているのです。それこそが執着であると、まずは気づいてください。

今度、そのような状況に直面した際には、「私が、この事柄に対して持ち続けている執着を、今手放します。故《ゆえ》に、この事柄に対する感情は二度とふたたび戻ることはありません」と内なる宇宙に向けて宣言してみてください。そのあと、深呼吸をします。必要に応じて何度か意図することで、あなた方を悩ませていたエネルギーは完全に解放されるでしょう。

人類の歴史上、今という時ほど急速に目醒め、覚醒できる好機は存在しませんでした。

だからこそ、あなた方はこの時代を選び、大いなるアセンションに向けてチャレンジするために肉体を持ったのです。

コントラストに振り回されるのではなく、それを上手に使って、次元上昇の旅を大いに楽しもうではありませんか！

私はマスター・ヒラリオンと呼ばれし者。感情的執着を取り除き、魂の真の解放をサポートする役目を担う者なり。

マスター・ヒラリオンのワーク（マスター・ヒラリオン）

僕たちは日々、自分が体験している現実を映し出すためのフィルムとなる「感情」という周波数を使っています。

つまり、お金に関して不安を感じる、という状態は「お金」という物質に「不安」という感情をくっつけているだけで、実際はお金と不安は、まったく関係がありません。地震が怖いというのも同じです。「地震」という現象に「怖い」という感情をくっつけているにすぎません。

まるで、「映画のストーリーが映し出されているスクリーン」に、「自分の内側で感じている感情のエネルギー」をコードのように伸ばして差し込んでいるようなものです。

だからこそ、シンプルに、現実を見て感じるネガティブな感情を手放してでしまえば、「外の出来事によって、ネガティブな感情を感じる」という構図が成り立たなくなります。ある特定の出来事に対してネガティブな感情に気づいた時、マスター・ヒラリオンと共同して、「感情的な執着」から解放されるためのワークを紹介します。

①心地良く座れる場所を見つけて座り、軽く目を閉じ、軽くあごを引き、背筋を自然に伸ばします。そして、自分のペースで深い呼吸をくり返し、リラックスしましょう。

②次に、自分が広い映画館の中にいる光景を想像してください。豪華なシートが並ぶ中、中央の一番座り心地が良い椅子に腰かけている自分をイメージします。そして目の前のスクリーンに、あなたがネガティブに感じる現実が映し出されているのを見てください。スクリーンを眺めていると、ネガティブな感情や感覚が上がってくると思いますので、それに意識を向けましょう。

③そうしたら、その感覚からエネルギー的なコードが、スクリーンの中央、もしくは、ある特定の出来事や人物の方に伸び、コンセントのように差し込まれている様子をイメージします。複数のコードが伸びていても、問題はありません。コードを捕らえたら、手をゴムのようにスクリーンの方まで伸ばし、スクリーンに差し込まれたプラグを抜いてください。次に自分の感情や感覚を捉えた場所から伸びているコードの根本を抜き、一度大きく深呼吸をします。

④抜き終えたコードを丸めて、両手のひらの上に乗せてください。そして、こう依頼します。「マスター・ヒラリオン、どうぞこのコードを浄化し、光に変えてください。目の前の現実に対する執着のすべてを手放すサポートをしてください。ありがとう」。その呼びかけに応じて、彼が、宇宙からホワイトゴールドの、キラキラとした光の粒子を、シャワーのように降り注がせて

くれますので、その様子を見てください。すると、コードが光に溶けてきれいに消えていきます。その様子を最後まで見届けたら、深呼吸……。

⑤浄化されたことによって、あなたの体が透明感のあるクリスタルになっているのをイメージし、そこにもホワイトゴールドの光のシャワーが降り注ぎ、体の内側も外側もきれいに洗い流されていくのを感じましょう。直感的にOKと思ったら、一度深呼吸をし、スクリーンと自分の間につながっていたコードが完全になくなっているのを確認してください。最後に、もう一度、ワークをするために選んだ映像をスクリーンに映し出し、体感が軽くなっていることを確認してください。そのあと、ゆっくりと目を開け、グーッと背伸びをし、拳で軽くトントンと腕や足を叩きながら、体を意識することでグラウンディングしておきましょう。

もしワークを行っても、ネガティブな感覚が残っているのを感じたら、日を改めて、再度行ってみることをおすすめします。

ワークを何度かくり返すうちに、「『出来事』と『湧き上がる感情』は、実は無関係で、『現実によって、感情が喚起されていた』のではなく、周波数（感情）を現実という映像にくっつけていただけなのだ」と、気づくことができるようになります。それによって、「現実によって一喜一憂すること」がなくなっていくのです。

感情を現実にくっつけることがなくなれば、素早くその周波数を手放すことができるようになり、目醒めのプロセスが加速することになるわけです。

現実と感情の関係性におけるカラクリに気づくことで、目を醒ましていきましょう。

瀬《せ》織《おり》津《つ》姫《ひめ》からのメッセージ

私《わたくし》は、あなた方が大きな変化に備えるよう、さまざまな役目を持つ人々を通じて伝え続けてきました。

変化は避けて通れないものであり、「どのように変化の流れに乗っていくのか」ということが、大切な鍵になります。

つまり、ネガティブな意識で向き合うのか、ポジティブな意識で向き合うのかで、この先、あなた方が何を受け取るかが決まるということを、今一度理解していただきたいのです。

宇宙は揺らぎの中にあり、揺らぎがあるからこそ、常に変化し続けることになります。あなた方が、それを拒もうと、一つの在り方に留まっていたいと願おうと、いつかは変化していくよう、宇宙はあなたの背中を押す形になるのです。

これは祝福であり、福音です。この揺らぎによって、絶えず変化をうながされるからこそ、進化発展へとつながっていくわけです。故に、変化を怖れず、その流れに身を任せましょう。

これから、あなた方が直面する、一見困難に思える出来事は、「執着を手放す」チャンスであり、それを手放せば手放すほど、変化のプロセスは楽になるのです。

その過程において、あなた方には、さまざまな局面における創意工夫が求められますが、それが、あなた方をさらなる高みへと引き上げ、魂の望みや願いを叶える結果につながるのだと心得てください。

あなた方の辿っている道は、光へとつながる道であり、今世生まれて来る際に決めてきた最高の人生を生きる道であり、この大転換期を、肉体を持って見届けたいと望んで生まれて来た、「あなたの道」なのです。

これから世界は、変化のプロセスを加速させるでしょう。それは、取りも直さず、あなた方の意識が急速に変化し始めているからに他なりません。

そして、変化はまだ始まったばかりです。だからこそ、肩の力を抜き、今まで学んできた知恵や叡智を活かして、優雅に軽やかに日々を過ごすことを心がけるのです。あなたには、それが可能です。あなたは、そのために長い輪廻転生の歴史において、さまざまな経験を積みながら、今世に備えてきたのですから。

いよいよ、あなた方が本領を発揮することが求められる時代に突入します。変化にたじろぐのではなく、変化を楽しみなさい。その先の黄金に光り輝く、新しい地球を見据えて。

私は、瀬織津姫と呼ばれし者。悠久の時を経て、なお、あなた方と共に進化のプロセスを歩む者なり。

あとがき

本書を最後までお読みいただき、ありがとうございました。そして、当初はもっと早く出版させていただく運びとなっておりましたが、タイミングが合わず、楽しみにお待ちいただいていた皆さんには、ご迷惑とご心配をおかけし、大変申し訳ありませんでした。

その代わり、やっと「その時」が来た、と、こうして皆さんのお目にかかれる機会を得て、本当に嬉しく思っています。僕たちは今、大きな変容の真っ最中で、世界をつぶさに見渡すと、これまでの世の中とは、まったく違う様相を呈していこうとしていることが垣間見えると思います。２０２２年〜２０２５年までの四年間が「大激動の時代」であると、常々お伝えしてきておりますが、もちろん、それは「より善き世界の実現」に向けての動きですので、本来は喜ばしいことです。でも、僕たちは、一見するとネガティブに見える現実を前に、動揺してしまいがちであることも事実です。そんな時、高次のマスターたちと共同し、「本来の自分とのつながり」をふたたび憶い出すことで、持てる才能や資質、そして可能性のすべてを発揮しながら人生を舵取りしていくために、本書を活用していただけたら幸いです。それでは、このメッセージを受け取ってくださった皆さんに、宇宙からのたくさんの祝福がありますように！　皆さんの最善・最高を心からお祈りしています。いつもいつも、ありがとうございます。

最後に、本書を執筆するにあたり、僕を信頼し、タイミングを忍耐強く待ちながら、完成を大きな心で見守ってくださった青林堂の蟹江社長と渡辺さんに、この場をお借りして心から感謝申し上げます。ありがとうございました。

並木　良和

ワークのご案内

本書は2022年中のワークを基に大幅加筆した書籍です。

ワークを受けた方はその復習に、受けられていない方はご自分でぜひワークをされてみてください。

ワークはできればリアルタイムで受けていただいた方が、その場でしか体感できないような現象も起こることがありますので、「並木良和オフィシャルサイト」https://namikiyoshikazu.com/　をご覧いただき、どうぞご参加ください。またメルマガにもご登録をいただければ幸いです。

【著者略歴】

並木良和（なみき・よしかず）

昭和 49 年生。幼い頃よりサイキック能力を自覚し、高校入学と同時に霊能力者船越富起子氏に師事。大学卒業後、整体を学び整体師として働く。その後、神界・天使界の導きの元 2006 年から本格的にスピリチュアル・カウンセラーとして独立。現在、個人セッションを行いながら、ワークショップや講演も開催している。国内外に多数のクライアントを抱える人気のカウンセラー。著書に『ほら起きて！目醒まし時計が鳴ってるよ』（風雲社）、『令和版 みんな誰もが神様だった』（小社刊）『目醒めへのパスポート』（ビオマガジン）『だいじょうぶ ちゃんと乗り越えていける』（きずな出版）など。共著に『失われた日本人と人類の記憶』、『新型コロナウイルスへの霊性と統合』（小社刊）など。

ずっと「自分探し」をしてきたあなたへ 人生を変える目醒めのワーク

令和 5 年 6 月 21 日　初版発行

著　者　　並木良和
発行人　　蟹江幹彦
発行所　　株式会社　青林堂
　　　　　〒 150-0002　東京都渋谷区渋谷 3-7-6
　　　　　電話　03-5468-7769
装　幀　　TSTJ Inc.
イラスト　藤栄道彦
印刷所　　中央精版印刷株式会社

Printed in Japan

ISBN 978-4-7926-0734-0